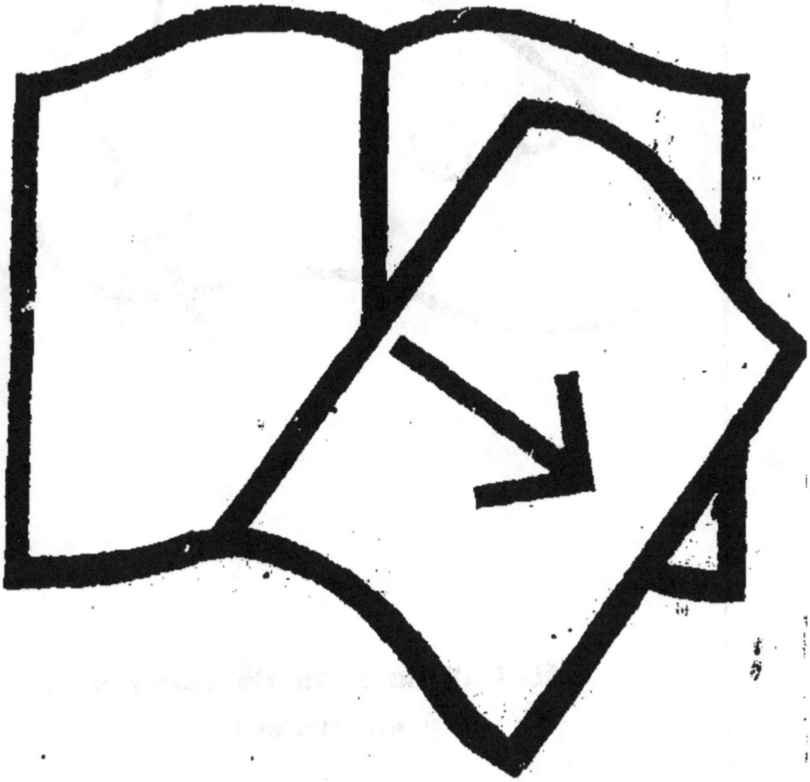

Couverture inférieure manquante

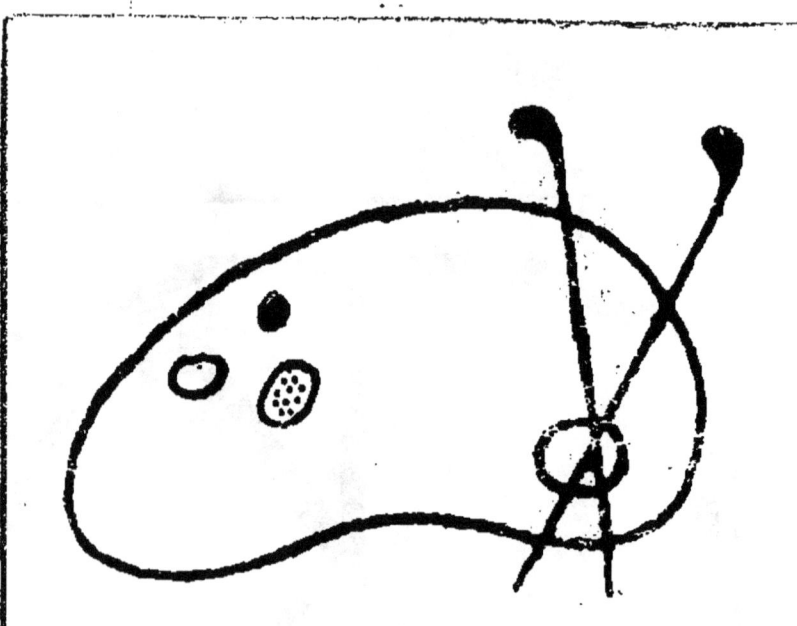

Début d'une série de documents en couleur

(Conserver la Couverture)

P.-J. PROUDHON

Jésus

ET LES

ORIGINES DU CHRISTIANISME

Préface et manuscrits inédits

CLASSÉS PAR

CLÉMENT ROCHEL

PARIS
G. HAVARD FILS, ÉDITEUR
27, RUE DE RICHELIEU, 27

1896

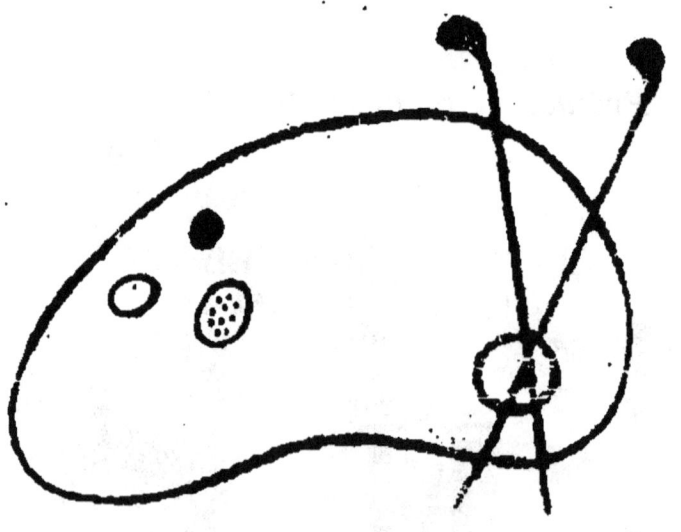

Fin d'une série de documents en couleur

Jésus

ET LES

ORIGINES DU CHRISTIANISME

Tous droits de traduction et de reproduction réservés pour tous les pays, y compris la Suède et la Norvège.

S'adresser, pour traiter, à l'éditeur G. HAVARD fils, 27, rue de Richelieu, Paris.

P.-J. PROUDHON

Jésus

ET LES

ORIGINES DU CHRISTIANISME

Préface et manuscrits inédits

CLASSÉS PAR

CLÉMENT ROCHEL

PARIS

G. HAVARD FILS, ÉDITEUR

27, RUE DE RICHELIEU, 27

1896

CHER MONSIEUR,

Qui ne vous remercierait de nous donner ces fragments de philosophie et d'histoire religieuses, conservés par la famille de Proudhon? Dans tout ce qu'a produit ce puissant écrivain, dans toutes ses moindres notes, n'y a-t-il pas une marque particulière? Tout est original et par là même prend place parmi les pages qui intéressent fatalement les penseurs et même les lettrés.

Proudhon avait déjà, comme on s'en apercevra aisément, conduit fort loin son travail sur Jésus, quand il fut tout à coup arrêté par le bruit formidable que fit une autre Vie de Jésus. *C'était en 1863. Comment publier quelque chose sur le fondateur du christianisme, au moment où éclatait le livre de M. Renan? Proudhon garda dans ses tiroirs le travail déjà avancé qu'il comptait en tirer bientôt. En prit-il contre M. Renan ce peu de goût qu'il ne cessa de manifester et dont il serait facile de trouver des traces dans ses papiers? Je ne le pense pas; c'était un trop noble esprit pour détester un homme sur de semblables motifs. Mais quoi de plus opposé que sa manière et celle de M. Renan! Rien ne rapprochait ces deux hommes, M. Renan, aimable, fuyant, lamartinien et dont l'hégélianisme s'accommodait mal des raisonnements rigoureux et des argumentations serrées; Proudhon au contraire très âpre, d'une implacable logique, ramassant ses preuves en faisceau et toujours occupé à démontrer la vérité de tel ou tel principe ou sa fausseté. Aussi l'auteur de la Justice dans la Révolution semble-t-il avoir éprouvé une véritable aversion intellectuelle pour l'auteur de la Vie de Jésus.*

Cependant M. Renan, pour écrire son livre, qui a si souvent les apparences d'un roman, était admirablement documenté, en possession de l'hébreu, au courant des sources anciennes et des travaux de l'exégèse allemande. Mais quels rêves il a souvent posés sur les solides fondations scientifiques! Quels jeux d'esprit! Quelles brillantes imaginations! Incontestablement Proudhon, bien qu'il se fût mis à l'hébreu, ne possédait pas la même connaissance des faits, mais là où il expose des principes de philosophie religieuse, comme il se rattrape! Quelle habitude des choses métaphysiques! Quelle puissance de déduction!

Comme il est regrettable que Proudhon n'ait pas poussé plus loin ses attaques contre la Vie de Jésus *par M. Renan, et son étude sur ce dilettante! Il excellait dans la critique. Peut-être par exemple, pourrait-on découvrir un peu de partialité dans sa dissection de Lamartine, mais avec* quelle habileté et en même temps quelle vigueur, il met en pièces l'adorable poète ! Il en eût fait de même du prosateur à la ravissante fluidité et aux jolies contradictions que fut M. Renan. Mais si nous ne possédons pas, en une étude ex-professo, sa pensée sur celui-ci, nous l'entrevoyons du moins en quelques notes isolées. Représentant la force, il eut peu de sympathie pour celui qui représenta l'incertitude constante et la grâce fragile. Par quelles rigoureuses analyses il eût décomposé son rival en Jésus ! C'était un critique littéraire de race comme le montreront ses morceaux inédits sur Victor Hugo et ses contemporains.

Mais si nous examinons l'œuvre posthume de Proudhon, il en sort, malgré un peu moins de science orientale, un Jésus plus vrai peut-être que celui de M. Renan. Ne peut-on pas dire cependant que l'un et l'autre ont fait à leur image, en subjectifs qu'ils étaient, le rabbi-galiléen. Doux, ravissant, plein de contradictions, employant de temps à autre de subtils subterfuges pour arriver à ses fins, tel le Jésus de M. Renan. Pour Proudhon, Jésus fut tout autre chose ; il nous apparaît, dans la partie compacte de son livre, comme un novateur socialiste, tout épris non pas d'idéal mais de l'idée de justice qu'il mêle à celle de charité ; ennemi des prêtres, des pharisiens et des scribes, portant dans son cerveau tout un plan d'épuration sociale. Hélas ! qui peut blâmer soit M. Renan, soit Proudhon d'avoir tiré d'eux-mêmes un Jésus si semblable à eux et leur si parfaite reproduction ? Tous les historiens ne procèdent-ils pas de même à l'endroit des grands personnages et des divins réformateurs ? N'est-ce pas une illusion de plus à ajouter à toutes nos illusions que de s'imaginer qu'il y a quelque part de l'histoire réelle ?

Malgré tout, nous lirons avec profit cette Vie de Jésus où, parmi quelques légères erreurs de faits, nous admirerons la pensée hardie du plus terrible logicien de ce siècle.

Agréez, cher Monsieur, l'expression de toute ma vive sympathie.

E. LEDRAIN.

PRÉFACE

Les civilisations ont une existence limitée, de même que l'histoire et la vie des nations. Ces phases de la vie des nations constituent des périodes, qui ont une âme propre, organique, dont l'analyse intéresse à la fois le savant et le philosophe. Il faut le recul du temps pour bien juger d'une époque. Tout s'atténue et se liquide au bénéfice de la raison pure et de la loi naturelle. Et alors, surtout, sont intéressants, pour ces études, pour ces recherches du passé, les travaux des grands remueurs d'idées ; car ceux-là, toujours, devancent l'avenir ; ils n'ont souci ni du temps présent, ni des modalités, ni des lois ; ils sont obstinés, et peu leur importe d'édifier, de bâtir à côté. Leur génie est tout de prescience ;

c'est pour eux que la Grèce avait créé ses demi-dieux, l'Inde ses prophètes, l'Orient ses Mahdi et ses Messies. Ils sont comme le Samson du temple : saisissant les colonnes énormes, de marbre ou de granit, des édifices du savoir et de la foi, ils ébranlent en un seul coup tout un dogme, une religion, un cycle historique. Selon les mœurs, ils sont martyrs ou dominateurs. Parfois les puissants les honorent, parfois la foule les adore et les acclame, parfois aussi les maîtres du pouvoir et les masses, esclaves des doctrines, des religions ou des sciences, les renient avec effroi, n'ayant nulle compréhension des agitations furieuses, des colères légitimes qui sont en leurs âmes de feu. Ces remueurs d'idées invoquent le droit, la justice, la conscience; et leurs paroles véhémentes résonnent à faux sur leurs contemporains. Droit, justice, sont des termes qui ne troublent point le cerveau désorbité des sociétés en retour d'âge.

De tous les remueurs d'idées du siècle qui va disparaître, certes, il n'en est pas de plus grand, de plus merveilleux que Proudhon. Il n'est pas de question qui l'ait laissé sans le passionner. Histoire, morale, littérature, art, il a touché à tout. Après avoir traité *de la Justice dans la Révolution et dans l'Église*, il est bien naturel que Proudhon se soit intéressé à Jésus, le sublime Nazaréen.

Et, certes, ce n'est pas pour « un passe-temps sacrilège ». Lui-même a affirmé, avec une sincérité louable, son souci de ne point « conspuer des symboles vénérés »... « Je cherche[1], a-t-il écrit, les lois du juste, du bien et du vrai ; ce n'est qu'à ce titre que je me permets d'interroger la religion. La religion ! elle appartient à l'humanité ; elle est le fruit de ses entrailles. A qui serait-elle méprisable ? Honorons en toute Foi, en toute Église reconnue ou non reconnue par l'État, honorons jusque dans le Dieu qu'elle adore, la conscience humaine : gardons la charité, la paix avec les personnes à qui cette foi est chère. C'est notre devoir, et je n'y manquerai pas. Mais la piété publique satisfaite, le système de la théologie appartient à ma critique ; la loi de l'État me l'abandonne. »

---

[1] P.-J. PROUDHON. — *De la Justice dans la Révolution et dans l'Église*, t. I, p. 3.

PRÉFACE

La figure de Jésus de Nazareth, né à Bethléem, fils de charpentier, entouré de son auréole légendaire de poésie, d'idéal et d'amour, a tenté bien des érudits. L'étoile aux mages a ébloui les yeux de bien des croyants et fait vaciller la lampe claire et la raison de bien des chercheurs ! Jésus, sur le nom de qui ses disciples ont, par la suite des âges et la filiation des faits, créé une religion complète, inaltérable, immuable, n'a laissé, historiquement, que des matériaux rares et difficiles à souder pour restituer sa personnalité.

Les sources païennes se réduisent, ou peu s'en faut, à quelques lignes de Tacite qui parle d'un certain Christus, mis à mort sous le règne de Tibère par ordre du procurateur Ponce-Pilate, c'est-à-dire entre les années 26 et 36 de l'ère chrétienne. Et cela, trois quarts de siècle, avant le moment où Tacite rédigeait ses *Annales*. Suétone n'est guère plus explicite, au sujet de la religion nouvelle, et la lettre si répandue de Pline à Trajan est apocryphe.

Les sources juives ne sont pas plus abondantes; en dehors du passage de Josèphe, passage interpolé d'après l'opinion de la critique, elles présentent un caractère d'injurieuse polémique.

On est donc limité, comme documents anciens, aux livres du Nouveau Testament, c'est-à-dire aux témoignages de ceux qui ont reconnu le Messie dans Jésus de Nazareth. De ces livres mêmes, on ne doit retenir que les Évangiles.

Quant à la valeur historique des Evangiles, les vues soutenues par les modernes se ramènent à deux : 1° le point de vue conservateur ; 2° le point de vue critique.

Dans le texte des Évangiles canoniques on retrouve les éléments d'une littérature primitive, écho direct de la réalité, absorbés dans les écrits canoniques. D'après M. Sabatier[1], voici quels seraient les éléments de cette littérature primitive tels que l'analyse les constate et les dégage des textes actuels :

« 1° Un résumé de la prédication de l'apôtre Pierre, rédigé par Marc, son disciple et son interprète, et qui doit remonter entre l'an 60 et

---

[1] ENCYCLOPÉDIE DES SCIENCES RELIGIEUSES. *Jésus-Christ*, par M. Sabatier, t. VIII.

70, résumé qui fait le fond de l'Evangile de Marc actuel, et dont on peut rétablir les lignes primitives par la comparaison de cet Évangile avec ceux de Mathieu et de Luc, car il a été également reproduit par l'un et l'autre. 2º Un recueil des discours, sentences et paraboles de Jésus, fait en langue araméenne par Mathieu lui-même. Ce recueil, antérieur sans doute, au récit primitif de Marc, peut remonter dix ans plus haut et demeure d'un prix inestimable, car il nous met à même de nous faire une idée précise de l'enseignement authentique de Jésus. Plusieurs traductions grecques, avec d'assez nombreuses variantes, mais nullement essentielles, circulaient. Luc et l'auteur de Mathieu actuel ont suivi deux copies différentes, que l'on peut heureusement contrôler l'une par l'autre. Notre premier Évangile, en effet, a été formé par un ingénieux rédacteur qui a joint dans un plan nouveau, et suivant un intérêt apologétique précis, le résumé de Marc et les *Logia* de Mathieu, en y ajoutant un certain nombre de traditions orales qui, par cela même, jouissent aux yeux de la critique d'un moindre crédit. 3º Chez Luc nous avons, outre le récit primitif de Marc et les *Logia* de Mathieu, un troisième document d'une grande valeur. Il s'agit de l'Évangile des voyages de Jésus (ix, 5; xviii, 44), grand fragment original et propre à Luc, où se trouvent, en particulier, des faits comme la visite de Jésus chez les deux sœurs Marthe et Marie, l'histoire de Zachée le péager, et d'admirables paraboles, comme celles du bon Samaritain, de l'enfant prodigue, du pharisien et du péager, du figuier stérile, etc... Tels sont les résultats généraux auxquels la critique historique, sous une forme ou sous une autre, arrive aujourd'hui. 4° Si l'on y joint, en quatrième lieu, la tradition johannique, indépendante de la tradition précédente, la complétant et la corrigeant souvent heureusement, laquelle se trouve au fond du quatrième Évangile, on aura les éléments premiers avec lesquels l'histoire doit et peut opérer pour reconstruire la synthèse et l'unité dramatique de la vie de Jésus. »

Des recherches et des études sérieuses qui ont été faites, il est acquis aujourd'hui que Jésus ne songea jamais à créer un mouvement révolutionnaire politique pour échapper à la domination romaine ; la révolution qu'il inaugura fut toute sociale ; elle tendait à assurer le triomphe d'une condition moyenne garantissant à chacun le nécessaire. S'inspirant des psaumes, des prophètes, il ne pensait pas à être le Messie ; il annonçait l'avènement du règne de Dieu, de la justice, de la conscience ; sa sollicitude envers ceux qui souffrent, ceux qui sont déshérités des biens de la terre, fut extrême. Après sa mort seulement, ses disciples lui attribuèrent la qualité de Messie.

Son action de propagande n'impliqua aucun plan arrêté, défini. Il vint à Jérusalem pour annoncer l'imminence de la révolution surnaturelle, mais les juifs, représentants de la théologie officielle, intransigeants sur la question de pratique, se défient de cet « antiritualiste », selon le mot de M. Havet[1]. Cette affirmation du sentiment religieux contre le formalisme des dévots irrite ces derniers, qui estiment dangereux le novateur Nazaréen. Ils obtiennent le supplice de l'homme, en agitant devant les yeux du procurateur romain

---

(1) E. HAVET. — *Le Christianisme et ses origines*, t. IV.

la possibilité de désordres dans la rue ; il y a quelques années on eût employé les mots de « spectre rouge ».

Les disciples de Jésus retournent en Galilée et, soit que leur maître ait survécu au supplice, — et c'est une opinion que Proudhon défend avec une conviction remarquable — soit qu'il ait réellement succombé sur la croix, alors commence la patiente élaboration de la doctrine qui devait bientôt trouver un terrain préparé dans l'organisation de la société grecque, latine et gallo-romaine.

Jésus n'est pas le fils du prophétisme hébreu, dur, rigide, sévère, cruel même ; c'est le prophète tendre, pitoyable, charitable.

« Ce n'est pas évidemment dans l'ordre de la pensée que Jésus a pu être au-dessus des autres hommes, écrit M. Havet. Jésus n'est pas un penseur ; il n'a pas apporté la lumière dans les ténèbres ; il n'est ni un philosophe, ni un savant, ni un politique, ni un capitaine, ni un poète : il n'a pu rendre à l'humanité aucun des grands services que lui rendent diverses puissances de l'esprit. Mais dans les limites de ses idées et de ses croyances, Jésus a été puissant par le cœur, par la passion, par la bonté... Tout ce bien qu'il a fait, il l'a fait à la condition de souffrir et de mourir. Sa vie a été un combat, sans bruit pourtant et sans violence, où il gardait l'attitude humble et patiente qui, le plus souvent, a été celle du juif opprimé. Il n'en a pas moins été le martyr de son patriotisme et de son amour des misérables, et il a laissé le souvenir d'une existence toute d'élan et de dévouement, terminée par une mort affreuse sur la croix ; souvenir assez touchant et assez profond pour qu'après la mort, quelques-uns aient dit : Celui-là n'a-t-il pas été le Christ ? et une fois cela dit, on l'ait cru sans peine. Voilà Jésus tel que nous arrivons à le ressaisir et on ne peut que l'aimer et le vénérer. »

Il est certain qu'après la disparition de Jésus, il se constitua un judaïsme réformé dont les adeptes furent désignés par les Juifs de l'observance traditionnelle comme *Nazaréens*, c'est-à-dire partisans de Jésus de Nazareth, et par les gens de culture grecque et romaine comme *Chrétiens*, c'est-à-dire sectateurs du Christ ou du Messie.

En résumé, le Christianisme renferme trois éléments : 1° l'hellénisme ; 2° l'élément judaïque ou biblique, qui se trouve principalement dans les Prophètes et dans les Psaumes ; 3° l'élément Galiléen, soit un ensemble de sentiments et d'idées qui, d'abord, s'est développé parmi les populations inquiètes de la Galilée, sous l'influence des misères de la domination étrangère, qui, ensuite, a déterminé l'action et la destinée de Jésus, et qui a gagné la masse malheureuse et souffrante.

Cette recherche des antécédents helléniques, si bien traitée par M. Havet, Proudhon dans sa géniale divination, l'avait pressentie. Et M. Havet n'hésite pas à le proclamer : « Proudhon, dit-il, a écrit un livre : *De la justice dans la Révolution et dans l'Église*, où la vérité sur les rapports entre l'Hellénisme et le Christianisme a été très bien saisie, quoiqu'en passant. Dans ce gros livre, bourré d'idées comme tous ses livres, idées tantôt confuses ou bizarres, tantôt originales et approfondies (quand elles sont appuyées sur l'histoire), le chapitre IV de la seconde étude intitulée : *Le Christianisme tire la conséquence des prémisses posées par le paganisme et la philosophie*, contient sur le sujet que je traite d'excellentes vues. »

Il serait hors de mise de citer tous les auteurs que la vie de Jésus a séduits, mais nous devons rappeler ceux qui ont écrit sur sa doctrine les livres les plus intéressants :

Reimarus (fragments de *Wolfenbüttel*, 1877) a montré Jésus comme un ambitieux et un politicien ; Venturi (*Natürliche Geschichte des grossen Propheten von Nazareth*, 1800) s'est surtout efforcé d'expliquer le surnaturel ou les miracles par les fraudes pieuses des disciples ; Strauss (*Das Leben Jesu, Kritisch bearbeitet*, — Vie de Jésus, traitée d'une manière critique, 1835), s'attache à résoudre le problème par le mythe. D'après le savant allemand, si l'on enlève de l'Évangile la mythologie messianique superposée à la personne réelle de Jésus de Nazareth, il ne reste rien, ou pas grand'chose.

En 1863, M. Renan professeur d'hébreu, de chaldaïque et de syriaque, publie une vie de Jésus qui soulève des polémiques sans nombre. « M. Renan, écrit M. Havet, a autant de poésie

que de force et de savoir, et c'est un Breton
c'est-à-dire quelque chose comme un Galiléen
de la France. » Proudhon, avec sa fougue, s[a]
violence, sa dialectique, son abondance, s[e]
montre très dur pour l'œuvre de M. Renan, mai[s]
son jugement n'est pas si extrême qu'il le paraî[t]
à première vue. Proudhon n'a souci que d[e]
l'avenir. Il lui importe peu que M. Renan ai[t]
détruit le système de Strauss; il aurait voul[u]
encore que « le Galiléen de la France » eût expri[-]
mé des opinions plus complètes et ajouté, sans
doute aussi, un argument pour la révolutio[n]
sociale. Plus terre à terre, plus calme, est cett[e]
appréciation de M. Sabatier :

« Alors que chez Strauss il devenait à pe[u]
près impossible de dire s'il restait autre chos[e]
de l'histoire que le fait abstrait de l'existence d[e]
Jésus de Nazareth, sa vie prenait chez M. Rena[n]
les couleurs vives, les arêtes saillantes, le relie[f]
d'une histoire moderne. Que l'historien poèt[e]
ait poussé trop loin et jusqu'au romanesque c[e]
goût de peinture précise et vivante, il n'en fau[t]
pas douter. Mais il n'en est pas moins vrai qu'il
avait eu l'intuition d'une vie humaine, intense,

originale, profonde, que l'analyse des documents évangéliques avait fait apparaître. La réalité triomphait du mythe. »

M. Renan restitue avec conscience le milieu géographique, politique, moral et religieux où se meut la personnalité de Jésus. Le Nazaréen, du ciel est ramené sur terre en de moindres proportions, sous un jour enluminé, mais le fait est intéressant et la critique de M. Renan neuve, nécessaire, durable.

Presque au même moment, M. J. d'Eichtal étudie les Évangiles et donne une esquisse de l'œuvre de Jésus. La pensée humaine s'est dégagée des préjugés séculaires, et M. Havet publie le *Christianisme et ses origines*, étude unique de logique, de forme, d'exposition. « Havet, dit M. Renan, sera cité dans les écoles pour avoir le premier jeté sur ces problèmes, qui ont le plus troublé les âmes, quelques mots justes, fermes et froids. Le livre des Origines du Christianisme qui ne traite qu'un côté du sujet, le traite d'une façon définitive ; c'est un livre inflexible. » A côté de l'œuvre de M. Havet doit se placer l'*Histoire des idées messianiques* de M. Maurice

Verne, et l'étude sur *Jésus-Christ* de M. Sabatier.

Il convient aussi de citer, parmi les écrivains protestants : *Jésus-Christ et les croyances messianiques de son temps* (1864), par M. Colani ; *Jésus-Christ, son temps, sa vie, son œuvre* (1866), par M. de Pressensé ; et, encore, les travaux catholiques de M. l'abbé Fouard, *Vie de N.-S. Jésus-Christ* (1880) et du Père Didon, *Jésus-Christ* (2 vol., 1890).

C'est en parcourant ces divers ouvrages, tant orthodoxes qu'hétérodoxes, qu'on peut se faire une opinion raisonnée et rationnelle. Les commentaires de Proudhon n'ajouteront rien à la conclusion de ces matières extrêmement délicates à définir, parce qu'il n'y a pas précisément de conclusion là où le cœur et le sentiment ont tous les droits sur la raison. « Le christianisme a prononcé le plus triste des divorces, celui de l'âme et du corps dans l'être humain, » dit Daniel Stern. Peut-être, ce divorce est-il ce qu'il faut constater, simplement, en dehors du dogme et de toute philosophie.

Le livre de Proudhon que nous publions sera

lu surtout comme notes et commentaires sur Jésus. Il n'était point définitif ni complètement rédigé. Nous avons classé tous les manuscrits qui se trouvaient dans un journal plié en quatre, portant trois titres différents : 1° QUESTIONS RELIGIEUSES, *Droit divin, Jéhovah, Jésus-Christ*; 2° QUESTIONS RELIGIEUSES, *Histoire de Jéhovah; Vie de Jésus*; 3° JÉSUS, *et les origines du Christianisme*. C'est ce dernier titre que nous avons retenu.

Ajoutons que, sur la copie originale très gracieusement prêtée par Mme P.-J. Proudhon, nous avons fait avec sa fille, avec Mme Henneguy, la revision rigoureuse des épreuves; et nous avons cru devoir supprimer les quelques pages encore trop à l'état d'ébauche.

CLÉMENT ROCHEL.

JÉSUS

ET LES
ORIGINES DU CHRISTIANISME

HISTOIRE DE JÉHOVAH

ET DU MESSIE SON FILS

I

SENTIMENT RELIGIEUX*1

J'hésitais quelque peu à écrire ce livre, parce que je l'envisageais surtout au point de vue de l'interprétation de la Bible, et que ce travail est fait par les Allemands, qui savent, beaucoup mieux que moi, l'antiquité et les langues. J'hésitais encore, parce que ce côté, purement anti-chrétien, anti-révélationniste, me semblait insuffisant, à cette heure, pour donner une véritable originalité à mon travail.

Je reviens sur cette opinion. Il ne s'agit pour

---

(1) Les titres de chapitre marqués d'un astérisque ne sont pas de Proudhon. — C. R.

moi ni de philologie ni de voltairianisme. Il y a aujourd'hui, en France [1], une espèce de pactisation entre la liberté et l'Église : un mouvement, soi-disant religieux, auquel président MM. Renan, Saisset, Simon, Cousin, Guizot, Thiers, etc.

Il faut le combattre, ce mouvement, en montrant, par les faits et par l'analyse, ce que c'est que le *sentiment religieux*, et son rôle dans l'Humanité.

Le *sentiment religieux* est l'extérioration du moi, la personnification de la conscience qui se prend elle-même pour un Être supérieur qui inspire l'homme.

Le sentiment religieux est fini, quand il se reconnaît; son but est rempli quand le sentiment de la justice remplit l'âme de l'homme. — Tout le reste est aberration pure, folie et crime; voilà ce qu'il faut montrer par l'histoire de Jéhovah, — toute une philosophie portera sur un *mot*.

(1) Voir la *Revue Indépendante*.

II

LE MONOTHÉISME

L'idée de l'unité de Dieu a paru aux philosophes la plus grandiose, et l'on a regardé comme un phénomène unique, merveilleux, le fait du petit peuple d'Israël, qui, entouré d'idolâtres, affirme seul, plus de mille ans avant Socrate, l'unité de Dieu. Au premier coup d'œil, en effet, la chose paraît tout à fait excentrique, surprenante. On est tenté de croire à une grâce spéciale du peuple Juif, à une illumination, à une révélation.

Examiné de plus près, le phénomène se réduit à rien.

Tous les peuples sont *monothéistes*, en ce sens que tous ont leur dieu particulier, unique : le contraire impliquant contradiction, c'est la cité qui s'affirme dans son Dieu.

Ainsi les uns adorent *Dagon*, les autres *Baal*, *Moloch*, *Astarté*, etc.

Quant à l'affirmation du Dieu universel, l'idée est aussi étrangère aux Juifs qu'aux autres peuples, jusqu'à la captivité de Babylone, qui leur fit faire un *rêve d'ambition*, pour Jéhovah.

Car, remarquez-le, *Jéhovah*, roi de toute la terre, n'est toujours que le Dieu Juif devenu conquérant. Il faut arriver au temps des Maccabées pour comprendre l'idée absolue de Dieu : le Dieu souverain, suprême, qui n'est pas Jéhovah ni Jupiter, qui n'a rien de l'Idole, celui qu'adorait *Constantin*, s'évanouit en 325 à la déclaration de la Divinité du Christ. Car, point de Dieu sans réalisation, sans idole.

Le nom du *Seigneur*, donné au Dieu, est propre à tous les dieux ; c'est leur qualificatif commun, chaque cité considérant son Dieu, comme son souverain. — BAAL est *maître*, *Moloch* roi, *Adonaï* seigneur, comme *Dominus*, Jupiter est roi, souverain maître, Junon reine, Diane reine, Astarté ou Vénus, reine ;

Dagon, comme qui dirait *Fromenteau*, dieu du blé : un analogue de Jéhovah, d'*Ops*, de *Rhée*, de *Tellus* la féconde, de *Plutus*, etc.

III

JÉHOVAH

L'expression, *de Ure Chaldæorum*, qui indique le lieu de naissance d'Abraham, crée une difficulté géographique, ou au moins lexicographique, qui doit disparaître devant des considérations d'un autre genre, non douteuses.

Cette ville de *Ur* ne peut pas avoir été en Chaldée, vers les embouchures de l'Euphrate ; il y a là quelques confusions. Sans parler des auteurs qui ont signalé, au nord de Haran, une ville de *Ur* et d'autres Chaldéens, il faut observer :

Que le Paradis terrestre est placé au nord, aux sources de l'Euphrate, de l'Arane, etc., entre le Taurus et le Caucase ;

Que telle est, selon Moïse, la patrie du genre humain ;

Que Jéhovah est appelé *Dieu des montagnes ;*

Qu'en effet, il aime le pays boisé, les eaux

courantes, les vallées ; qu'il gouverne la pluie et la neige : attributs qui ne sont pas ceux des divinités arabes ni assyriennes ;

Que c'est un Dieu *chaste*, sévère à cet égard, et qui noie l'espèce humaine, pour s'être adonnée à l'impudicité : caractère qui ne se peut trouver que parmi les dieux druides ;

Qu'il défend le *brigandage* (mœurs bédouines) ;

Qu'Abraham, devant aller dans le Chanaan, n'aurait pas fait ce détour de la Chaldée à Haran, qui allongeait sa route de 200 ou 300 lieues ;

Qu'Abraham, de la famille d'Arphaxad, descend du *nord* vers le sud ; qu'il est déterminé dans son choix par la nature même du pays de Chanaan, pays boisé, fécond en arbres fruitiers excellents, vignes, terres à blés, et gras pâturages : tout ce qui lui représente la mère patrie.

Il sait que ce beau pays est à peu près inoccupé, entouré qu'il est par des peuples de la race de Cham, arabes, égyptiens, etc., et peuplé de sauvages ;

Qu'il est appelé l'homme d'au delà des fleuves.

Ajoutez-y les autres caractères physiologiques.

IV

DIEU

Dieu. — « Dieu existe, dit E. Saisset. Il n'est pas nécessaire, pour le prouver, d'entasser syllogismes sur syllogismes ; le meilleur argument, et le seul qui ne donne pas prise à la critique, c'est dans la conscience intime de notre contingence [1] et dans la vue claire de l'imperfection essentielle [2] de tout ce qui nous entoure. Dieu est accessible à notre raison ; car si son essence nous est incompréhensible, parce qu'elle est incommunicable, nous pouvons du moins atteindre quelques-unes des puissances de son être, parce qu'elles nous ont été communiquées [3]. Dieu n'est pas seul. D'abord, c'est un fait puisque l'univers existe [4] et

(1) Concept.
(2) Concept.
(3) Cercle vicieux.
(4) C'est la question.

puis, Dieu est souverainement intelligent ; il *doit* donc *concevoir* l'univers comme une expression possible de lui-même[1] ; il est souverainement libre ; il *doit* donc *vouloir*[2] le réaliser hors de lui, car il *n'y saurait être indifférent* ; il est souverainement puissant, il doit donc le réaliser ; en effet, le monde, il le réalise *éternellement* et infiniment, afin de se donner une convenable représentation de son éternelle et infinie essence[3]. Mais il ne cesse pas d'en être le *créateur*, car il lui donne et lui mesure l'être ; et comme il en est le père, il en est aussi le législateur, sa puissance et sa sagesse éclatent dans l'Univers[4] ; sa justice et sa bonté se font sentir au cœur de l'homme[5]. Il est partout présent et partout sensible[6]. »

Voilà comme des professeurs tournent dans le cercle éternel de leurs *concepts* et en viennent à réaliser leurs rêves.

J'ai réfuté tout cela pour jamais, par un argument sans réplique : c'est que la faculté de former un *concept* ne nous donne pas le droit de

---

(1) Hypothèse pure, incomparable.
(2) Contradictions.
(3) Mots.
(4) Fétichisme : *cœli enarrant*.
(5) Mysticisme : la conscience prise pour autre et personnifiée.
(6) Naturalisme (Extraits de l'*Essai de philosophie religieuse*).

le déduire, d'affirmer au delà du concept même.

Quant au fait propre du sentiment religieux, de son universalité, de sa spontanéité, de son indestructibilité, j'en rends raison suffisamment, en montrant que c'est une *extérioration de la conscience*, qui va s'affaiblissant indéfiniment.

Je conclus, que si nous faisons un Dieu de notre conscience, c'est que notre conscience est apparemment ce qu'il y a de *meilleur en nous*, et que nous devons respecter jusqu'au sacrifice de la vie. — Voilà ma morale trouvée.

Quant aux religions et à leur histoire, on peut montrer par leur origine et leur progrès, comment se fait cette extérioration.

Est Deus in nobis, dit le poète.

Quelle merveille que nous supposions Dieu présent en nous, quand nous le voyons dans le tonnerre, les éclairs, le soleil, la pluie, le vent, la mer, les arbres, les germinations, la fécondation, la folie, l'épilepsie, l'idiotie, le magnétisme, le somnambulisme, etc. !...

Or, admirez ce qui se passe ; à mesure que notre conscience se développe, nous ne manquons pas de doter aussitôt notre Dieu d'une qualité correspondante.

DÉMONSTRATION DE L'EXISTENCE DE DIEU. — Observation sur la métaphysique de M. Vacherot et sur la critique de M. Renouvier.

Prouver qu'il faut en venir à un *anti-théisme*.

La Raison pure donne Dieu : *Etre Universel, nécessaire, infini, absolu, Un, parfait, personnel, intelligent, libre et tout-puissant.*

De cette donnée, se déduit que Dieu agit dans les âmes, tout comme dans la création continue. De là, le sentiment religieux, l'idée de respect d'une sanction supérieure et d'une infirmité humaine.

De là, éducation religieuse et culte.

De là, sacerdoce et Vicariat.

De là, manifestation divine de toute sorte : Incarnation, Rédemption, etc.

De là, enfin, *prépondérance du principe* d'autorité sur la justice ; et tous les abus, tous les excès de l'ancien régime.

V

JÉHOVAH ET JÉSUS

La science actuelle nie les causes finales. Je crains fort, pour cette science, que le temps ne soit pas éloigné où elle sera obligée de les affirmer.

Les causes finales ne sont que la contre-partie des causes premières. Comment est-il possible de reconnaître des causes ou des forces ORGANIQUES, et d'en exclure la *finalité?* Comment peut-on dire que le climat influe sur l'organisme de manière à le modifier, selon les conditions du milieu, et nier en même temps que l'organisme ne soit pas calculé pour ce milieu ? Ici, l'agent ne sera pas un agent intelligent si l'on veut, mais en est-il moins vrai qu'il y a *finalité* dans la constitution ?

Qu'est-ce que M. Darwin appelle *sélection naturelle* sinon une *finalité* naturelle ?

A *priori* le savant, comme le philosophe, ne conçoit pas que la nature agisse sans *but*, sans une *fin*, pas plus qu'il ne conçoit qu'il se produise quoi que ce soit sans cause. Voilà la finalité affirmée.

On demande dans quel but ont été créés les vipères, les charançons, les chauves-souris, etc.

Je réponds que je n'en sais rien.

Ce que je sais, c'est que le charançon est parfaitement organisé pour manger le blé, la vipère, pour dévorer des insectes, des vers, des souris, des oiseaux, et autres animaux, etc., le bœuf pour ruminer l'herbe, le mâle et la femelle pour s'accoupler, engendrer, etc.

Cela veut dire que, dans tout organisme, la cause première, le développement, et la fin, sont un tout identique.

Quelle est la finalité de chaque être par rapport à l'Univers ?

Je ne le sais pas ; mais si je me renferme dans le cercle du tourbillon organique, je vois clairement que dans l'organisme les dents sont faites pour triturer, l'œil pour voir et conduire, etc., le tout enfin pour assurer la vie, le développement et la reproduction de l'animal, dans les conditions du milieu qui lui sont données. C'est bien de la finalité tout cela, ou je ne comprends plus rien à la langue. Si les conditions de milieu viennent à changer, ou bien l'animal périra, ou bien son organisme se modifiera par *sélection naturelle*, pour s'accommoder à ces conditions nouvelles. Il y a de la finalité en tout cela, impossible de le nier : osons le dire, il y a du calcul, de l'intelligence, de la prévoyance.

A qui rapporter le calcul, cette intelligence, cette prévoyance, plus sûrs que la raison réfléchie ? Je n'en sais rien ; mais c'est de la *finalité* et du meilleur aloi.

Que si je généralise, et si je me demande quelle est, par rapport à l'univers, la fin de l'homme ; et quelle est la fin de l'univers lui-même ? Je réponds encore que je n'en sais rien. Mais il n'en est pas moins vrai que si j'étudie l'organisation de cet homme, je découvre que tout y a été prévu pour en faire ce que j'appelle un homme ; si j'étudie plus à fond les lois de son intelligence, de sa conscience, son industrie, son économie, etc., je découvre encore que tout est donné pour le faire vivre dans un certain rapport avec ses semblables ; que s'il manque à ces fins sociales, il se dégrade, il est malheureux, etc.

Oui, il y a là de la finalité, il y en a dans la société ; il y en a en toute chose ; d'où je suis porté à conclure, par analogie, qu'il y a une fin à la société elle-même, une fin à l'univers; mais cette fin, je ne la connais pas.

Je conçois pour l'univers dont je fais partie trois manières d'être, trois états, et je ne puis en concevoir ni plus ni moins de trois :

1° Ou bien je me figure l'univers, toute cette nature visible, comme une explosion, un tourbillon, un embrasement, une création, une éjaculation, qui a eu commencement et qui aura fin; un ensemble animé, qui n'a pas sa raison en lui-même, dont la cause lui est extérieure, qui par conséquent doit finir parce qu'il est fini. C'est la conception surnaturaliste et monothéiste, qu'on retrouve dans toutes les cosmogonies.

Comment ce grand tout, matériel, s'est-il produit, comment est-il sorti du sein de sa cause inconnue? Je ne le sais pas. Que deviendra-t-il en se perdant? Je ne le puis même conjecturer.

Tout ce que je sais, le voici. Je vois des êtres, sortis du néant, se développer un temps, puis se décomposer et mourir ; j'ai pu juger par les observations faites sur le globe que j'habite qu'il n'a pas toujours existé tel qu'il s'est formé lentement ; que sur ce globe se sont produits des organismes aujourd'hui éteints, etc.

Et j'en conclus : par voie de généralisation, du petit au grand, et par analogie, qu'il en est ainsi du grand tout, que sa vie n'est pas éternelle mais qu'il est fini, créé et périssable. Le commencement et la fin de l'Univers seront, je l'accorde, deux mystères : mais tout en lui dénonce que sa vie est *finie !*... Dieu seul est infini, éternel. *Conception providentielle des inconvénients de cette thèse.*

2° Ou bien, je nierai que j'aie le droit de conclure, quant à l'univers, du particulier au général, et tandis que toutes les parties qui le composent sont finies dans leur évolution, lui-même est éternel et infini. C'est un cercle sans limites, tourbillonnant de toute éternité, qui n'augmente ni ne diminue, ne perd ni ne gagne, reste adéquat à lui-même, en nombre, poids, mesure, formes, etc... C'est la conception matérialiste et fataliste, le règne de la nécessité pure, de la fatalité aveugle.

En cet univers, la cause et l'effet sont identiques ; la fin, le moyen et le principe, sont même chose ; rien ne s'épuise ; le mouvement, dans son universalité, est inhérent à la matière ; ce n'est pas un *effet*, mais un *état*, etc.

3° Ou bien, enfin, sans rien affirmer ni nier de l'éternité de la matière, de la nature de Dieu, laissant de côté ces questions insondables, et m'en tenant aux phénomènes, je conçois le grand Tout dans une transformation perpétuelle et progressive, et dont le principe est dans la force de *collectivité*, force qui doit se renouveler et se fortifier sans cesse, et dont l'action ne saurait prendre fin ; s'il est vrai, comme je le soutiens, que le résultat de toute collectivité est de produire de nouvelles formes, de nouveaux êtres, des valeurs plus grandes qui, s'ajoutant aux anciennes, créent un champ d'exercice toujours nouveau.

C'est la conception progressive, de laquelle ne sont exclues ni l'intelligence ni la finalité, mais qui s'explique par ce mot : *Liberté*.

C'est la *liberté*, dans le devenir, qui se donne à elle-même une fin toujours plus haute. D'après cela : la fin de l'univers est le nouveau progrès où il tend ; la fin de l'humanité, de contribuer à ce progrès.

VI

LE SURNATUREL

La plupart des discussions des rationalistes contre les prophéties, révélations et miracles, en un mot, contre le surnaturel, sont stériles; elles ne portent pas, je m'en suis aperçu de bonne heure; voici pourquoi :

Le surnaturel est hors de temps; hors l'espace, hors les lois de la matière et de la vie animale, hors les catégories de la raison.

Comment le raisonnement pourrait-il l'atteindre ?

Tout ce qu'on allègue contre lui porte à faux. Il s'affirme en vertu d'une faculté de conscience indestructible, incoercible; il se pose contre une science limitée, et incapable de fournir aucune réponse aux questions que se pose invinciblement l'âme humaine, tandis que lui a la prétention d'y satisfaire. Comment la raison augmenterait-elle sur un pareil terrain ? Elle ne peut que se taire; si elle parle, elle divague; bon gré, mal gré, elle reste confondue. Bien plus, le surnaturel, après avoir exposé les problèmes inévitables que pose la conscience religieuse, après les avoir résolus à sa manière, à l'aide de ses conceptions hyperphysiques, se sert de la science elle-même et de la dialectique intellectuelle pour donner une confirmation en quelque sorte rationnelle à ses thèses, et les faire pénétrer dans la raison qui n'a pas même de quoi les repousser !

Le surnaturel conçoit Dieu, être absolu, par conséquent résumé de toutes les contradictions ontologiques, avec la même facilité, avec plus de facilité, peut-être, que le savant ne conçoit le monde. Ce Dieu, il vous l'affirme. Avec quoi le réfuterez-vous ? Si le surnaturel affirmait Dieu soit au nom de la science, soit au nom de l'expérience, on pourrait répliquer, on *vérifierait*. Mais non : il affirme en vertu du sens intime, auquel la métaphysique ne fait ensuite que prêter ses formules ; mais on se tromperait gravement, si l'on croyait que l'idée de Dieu est une idée métaphysique.

Le surnaturaliste conçoit avec la même facilité la création d'Adam adulte, par la puissance infinie, que nous concevons ou croyons concevoir la formation de l'Être humain par les voies ordinaires de la génération.

Or, chose singulière, tandis que rationalistes et croyants se débattent sur cette création divine de notre espèce, voici que l'école matérialiste affirme et prouve les *générations spontanées*. Mais, qu'est-ce qu'une génération spontanée ? Une création divine. Qu'importe l'état plus ou moins avancé de l'Être créé ? Est-ce que la formation spontanée du *germe*, sans générateur, sans père, n'est pas tout aussi merveilleuse, incompréhensible, qu'a pu l'être celle d'Adam ?

Le surnaturaliste conçoit, sans peine aucune, la transmutation des corps, cette transmutation qui fait tout le miracle de l'Eucharistie.

Or, il est bien vrai que, jusqu'à présent, la chimie n'a fait autre chose que dédoubler la matière, y distinguer les éléments ; elle en compte déjà quatre-vingts. Mais, d'une part, nos conceptions métaphysiques nous portent à une conception de l'unité de substance, ce qui est un premier pas vers le surnaturel ; de l'autre, rien ne prouve que l'on ne décomposera pas un jour l'oxygène, l'or, ce qui serait probablement montrer l'identité de tous les corps, par conséquent la transsubstantiation.

Le surnaturaliste affirme trois personnes en Dieu, deux natures en Jésus-Christ.

Or, non seulement le rationaliste ne peut rien répondre à cela, puisqu'il ne raisonne qu'en vertu de la logique et de la science par l'observation ; et que pour réfuter le surnaturaliste, il devrait se placer sur son terrain, ce qui est possible. Mais les antinomies de la raison, celles de l'économie politique, ne sont pas moins étranges.

Est-ce que Hégel, qui explique le monde, la religion, l'humanité, la raison, tout enfin, avec cette mécanique des antinomies, *thèse*, *antithèse*, SYNTHÈSE, a jamais expliqué une seule de ces prétendues transformations ?

Le surnaturaliste croit à des anges et à des démons : ainsi font les spiritistes ; et il excite des phénomènes inexplicables par la raison (somnambulisme, magnétisme animal).

Le surnaturaliste croit à des transports par l'air ; il affirme l'ubiquité de Dieu ; il dit que Jésus ressuscité traversait les murailles ; et nous voyons des phénomènes de physique, l'électro-magnétisme, etc., qui semblent tout aussi merveilleux que ceux-là.

La conception du Messie est essentiellement une conception d'ordre surnaturel, hérissée de synthèses ; le surnaturaliste, la rapportant à la destinée humaine, lui donne une raison, une fin, une explication : que peut là-dessus le philosophe ?

Douze apôtres, quatre évangélistes, toute l'Église, la synagogue, les prophètes, donnant sur ce sujet leurs témoignages particuliers, il en est resté des variantes, des incohérences, des contradictions, des incompatibilités, une foule de détails, d'assertions inconciliables. Mais, encore une fois, qu'est-ce que tout cela pour la conscience religieuse, dont le dogme fondamental subsiste et qui vous répond que s'il lui arrive de se contredire, de s'embrouiller, d'être obscure, cela vient justement de ses efforts pour expliquer en langage humain, syllogistique, d'après les données du temps et de l'espace, et les lois de la raison, ce qui est en soi en dehors de l'Espace et du Temps, supérieur à la raison et à des catégories. Les contradictions des évangélistes sont de l'infirmité humaine; elles viennent de l'incommensurabilité qui existe entre la raison et la foi, elles ne sont pas d'ailleurs articles de foi. Ce sont, à vrai dire, des demi-révélations, des indices de mystères inexpliqués.

Telle est la situation des deux partis; le surnaturel ne peut être entamé par la raison, tandis que lui, il lui est donné de se prévaloir encore de la licence et de la raison.

Pour moi, je le déclare, je ne vois qu'un moyen d'échapper à une pareille obsession du surnaturel.

C'est, comme le spiritisme, de l'attendre aux œuvres, de le juger sur ses fruits, *a fructibus eorum cognoscitis eos.*

Je lui passe donc toutes ses prémisses ; j'admets toutes ses hypothèses, son Dieu, son Christ, sa Providence, ses mystères ; je ferme les yeux sur les difficultés des textes et je lui dis, non plus en homme de théorie ou de spéculation, mais en homme de pratique :

En dernière analyse, ou la religion ne nous sert absolument de rien, et doit être traitée par nous comme curiosité ou plutôt intempérance d'esprit ; ou bien elle a pour objet de nous soutenir, de nous diriger dans notre perfectionnement intellectuel et moral.

Or, quel précepte de justice et de morale la religion me fournit-elle que je ne trouve directement dans ma conscience, et dont ma conscience ne soit juge ?

Quelle *vérité*, quelle *lumière* positive, me donne-t-elle, sur le monde, sur moi-même, sur mes semblables, que ma raison ne suffise à apercevoir ?

Je veux bien pour un moment croire à votre tradition miraculeuse ; mais j'exige, et j'en ai le droit, qu'elle ne m'égare pas, que, dans ce qui

concerne ma vie temporelle, elle raisonne juste ;
que, dans les institutions, elle soit morale.

Vérité et *Justice*, voilà ce que je demande à la religion ; que si elle se montre incertaine, vacillante, contradictoire, alors je la condamne sans rémission. Car, dès l'instant qu'elle intervient dans le temporel, et qu'elle se place sur le terrain de la raison humaine, du droit humain, elle est tenue de raisonner correctement et de faire justice exacte.

LA GENÈSE DE L'HOMME *

I

CHRONOLOGIE DE JÉSUS

Né l'an 2 avant l'ère chrétienne, qui porte son nom.

An 15 de Tibère, 28 de notre ère, prédication de Jean.

Il est baptisé à Béthabara, ou Béthanie, ou l'Ænon, de l'autre côté du Jourdain, vis-à-vis Jéricho.

Tout le monde y court.

Voyage de Jésus en compagnie d'André, Pierre, Jean, Nathanaël, etc. ; auprès de Jésus, ils se font tous baptiser (avant la pâque); c'était une préparation à la foi.

Jésus passe plusieurs jours avec le baptiseur.

Immédiatement après son baptême, Jésus se met à baptiser ; ses disciples font de même ; plainte des disciples de Jésus, nouveau témoignage. — JEAN, III, 22-23.

Arrestation de Jean par ordre d'Hérode ; elle dut avoir lieu avant la pâque, on craignait l'agitation.

Tout le monde se disperse ; retour de Jésus en Galilée.

Chemin faisant, aventure de la Samaritaine. — JEAN, IV.

Trois jours après le retour de Jésus, ou la pâque, qu'il dut célébrer en Galilée, noces de Cana.

TROISIÈME PAQUE DE JEAN. — Un peu plus tard (JEAN), miracle de la multiplication des pains.

De la pâque, à la fête des tabernacles, Jésus prêche tour à tour à Nazareth, Capharnaüm, Chorazin, Bethsaïde ; il pousse une pointe vers la Décapole, etc. C'est pendant ce temps qu'il reçoit une députation de Jean-Baptiste.

Puis, il repart pour la Galilée, selon Jean, vers la fête des *Tabernacles*, en *Octobre* ; — an 28.

An 29. — Entrée triomphante.

Catastrophe : Mort de Jésus, le 23 mars, avant la *Pâque*, à l'âge de trente et un ans.

Les disciples retournent en Galilée, où ils prétendent l'avoir vu.

D'après le témoignage précis de Jean, et des trois autres, Jésus aurait dû son crédit au témoignage de Jean ; c'est à la suite de ce témoignage qu'André et Pierre vinrent à lui.

Les trois chapitres de Mathieu, v, vi, vii, sont le résumé des idées propres de Jésus ; idées sur lesquelles il revint maintes fois, sans nul doute, mais qui le caractérisent spécifiquement, le posent comme destiné du Messianisme, destiné de Jean, différent de ce qu'il devint lui-même, quand il se fut engagé dans sa propre prédication messiaque.

Les quatre pâques mentionnées par Jean ne se peuvent soutenir, en présence du témoignage unanime des trois autres et des contradictions qu'elles entraînent.

Tous les faits racontés par Jean sont interpolés.

Suivant cet évangile :

La première pâque que Jésus aurait faite à Jérusalem pendant son ministère, est celle où il chassa les *vendeurs du Temple* ;

Or, ce fait s'est passé peu de temps avant la mort de Jésus.

La deuxième pâque, qui n'est même indiquée que par le mot *dies festus*, est celle caractérisée par la guérison du paralytique, ou le miracle des Pharisiens ; — aventure qui est de la même époque que la précédente.

La troisième pâque dont il soit fait mention, aurait été proche du miracle des *cinq pains* et des *deux poissons*. Or, cette affaire se passe en Galilée, loin de Jérusalem ; la pâque dont il s'agit est donc la même que celle qui suivit le retour de Jésus.

La quatrième pâque, enfin, est celle que suivit de vingt-quatre heures le supplice de Jésus.

Pour moi, je ne vois que deux pâques :

1° Celle qu'il se proposait de célébrer à Jérusalem après son baptême, et qu'il dut passer en Galilée, après l'arrestation de Jean ;

2° Celle que suivit d'un jour son *crucifiement*.

Toute la prédication de Jésus s'accomplit dans l'intervalle de ces deux pâques ; elle dure un an au plus ou moins ; la prédication de Jean n'avait duré que quelques mois.

II

AUTRE SYSTÈME

An 28. — 19 août, mort d'Auguste ; commence l'an 15 de Tibère.

Prédication de Jean (elle a pu commencer plus tôt) ; le principe a eu lieu en l'an 15.

Affluence de néophytes, en août et septembre.

Baptême de Jésus, etc.

Octobre. — Arrestation de Jean, avant la fête des Tabernacles, 19 octobre.

Retour en Galilée ;

Mission des quatre mois ;

Retour en Judée ;

An 29. — 23 mars. — Arrestation de Jésus et mort.

On peut, ce me semble, pour se donner un an de marge, ou reculer le commencement de la prédication de Jean, en assignant l'an 15 pour la date de l'arrestation, qui est celle du plus grand éclat, ou bien reculer la mission de Jésus avant son baptême.

Ou bien on peut compter la première année de Tibère, du commencement de l'année même où il vint à l'empire, ce qui serait le plus simple.

Alors tout se serait passé comme j'ai dit.

Jésus baptisé an 28 *avant la pâque ;* arrêté lui-même et mis à mort l'an 29, à la pâque.

III

LA FILIATION *

Jésus, né selon toute apparence vers l'an 2, avant l'ère vulgaire, à Capharnaüm ou Nazareth.

Samaritain de nation, mais non de religion ; appartenant à l'une de ces familles d'Israël qui continuaient à aller adorer à Jérusalem, et que leurs compatriotes de Samarie s'efforçaient de retenir.

Fils d'un nommé Joseph, charpentier, menuisier, et d'une Marie, ou Miriam, ou Marianne, ayant lui-même très probablement exercé le métier de son père ;

Frère notamment d'un Jacques, qui fut après sa mort évêque de Jérusalem, et martyr (Jésus a quatre frères connus) ;

Est baptisé par Jean qui lui rend témoignage ?

Se met à prêcher l'an 28-29, contre les sectes et le sacerdoce de Jérusalem (pharisiens, sadducéens et prêtres).

Expose une doctrine nouvelle (celle de Hillel) touchant le prétendu Messie ;

Accusé de Samaritanisme par les Juifs, puis d'impiété et de trahison envers la nation.

Soutient que la vraie révolution est une révolution *morale* et *économique*, ce qui résulte encore de son interrogatoire par Pilate ;

Dénonce, flétrit la casuistique des pharisiens, l'avarice sacerdotale, l'exploitation des riches ;

Est blâmé et condamné par sa famille et ses concitoyens¹ (trait caractéristique), qui plus tard se rallièrent ;

Puis arrêté, condamné et exécuté brusquement, le vendredi 23 mars de l'an 29, après quelques mois de propagande dans la Galilée, aux alentours du lac de Tibériade, et le long du Jourdain.

Tels sont, à peu de choses près, les *faits* de la vie de cet homme qui ne brilla qu'un instant, comme l'éclair, et qui paraît avoir été doué d'une puissance extraordinaire.

Tout le reste, ou peu s'en faut, sont des circonstances arrangées et inventées après coup par les narrateurs, lorsque la petite Église formée par

---

(1) Jean, — vii-5.

Jésus ayant grossi, les idées de révolution sociale gagnant du terrain, des hommes considérables se rallièrent à la tradition du Nazaréen.

Le système de Strauss doit être rejeté. Il n'y a pas de mythologie là dedans ; il n'y a que de l'*invention* d'après la Bible.

Jésus mort, la *nouvelle* reste longtemps faible, obscure, persécutée ; elle ne paraît prendre d'importance qu'à l'époque de l'arrivée de Paul, vers l'an 43, c'est-à-dire, douze ou quinze ans après la mort de Jésus, et à la suite de la mort du roi Agrippa ; elle se développe tout à coup par la mission des *Gentils*.

A ces faits principaux, qu'il ne paraît pas possible de révoquer en doute, on peut joindre une foule de *dicts*, *paraboles*, propositions, des lambeaux de discours, dont la personnalité est palpable, et qui ont été conservés dans la mémoire des disciples. Ces monuments sont l'œuvre intellectuelle de Jésus, la portion vraiment intéressante de sa vie, ce qui le grandit, d'autant plus que toutes les trivialités de son extraction, de sa vie, ont été écartées, comme sans intérêt.

Au premier coup d'œil, on ne peut s'empêcher de regretter plus de détails, plus de lumières sur ce grand événement de l'apparition du Christ, et de la fondation du Christianisme.

Un peu de réflexion démontre que nous savons tout ce qu'il est besoin de savoir; que tout ce que nous ignorons est vraiment superflu, inutile.

Notre curiosité biographique est indigne de la majesté de l'histoire, et de la pensée universelle. A quoi servirait de savoir, par exemple, si Jésus était lettré ou illettré (il savait lire et écrire), s'il avait six pieds, ou cinq seulement; s'il était blond ou brun; si sa famille était de la tribu de Juda, ou de celle de Joseph, etc., etc.; s'il eut cinq frères ou un seulement.

Tout cela est dépourvu de valeur.

Jésus, d'après les données historiques, devait sortir du peuple, et il sort du peuple;

Il doit appartenir à la classe travailleuse, et il appartient à la classe travailleuse;

Il doit réagir contre le fanatisme des messianistes, dire que la question n'est pas là; et il le fait;

Il est si bien l'homme de la situation, de l'idée, des masses, qu'il est aussitôt compris, et que sa mort s'ensuit.

Aujourd'hui, notre intempérance ne sait pas se contenter du nécessaire, et cela nous rend puérils, impuissants. Il nous faut entrer dans les détails les plus secrets de la vie d'un homme, sans songer que ces détails, loin de nous éclairer, ne servent qu'à accroître nos doutes. Au lieu de juger l'être vivant dans son ensemble, nous voulons saisir l'atome. Quand nous lisons le récit de la Cène, nous voudrions savoir s'il y avait des fourchettes, etc.

Toutefois, d'après les documents, on peut dire de Jésus, que c'était une conscience de la plus haute puissance, qui n'eut jamais d'égale ; esprit ardent, et pourtant maître de lui ; ironique, insurrecteur, devant qui rien ne résistait.

Toute contradiction doit se résoudre dans le sens du plus grand nombre de faits vrais, ou du fait le mieux prouvé.

Jésus est-il de la tribu de Juda et de la lignée de David ? On voit bien l'intérêt qu'ont eu les narrateurs à le faire croire, puisqu'ils le posaient en Messie ; mais cet intérêt ne prouve pas qu'ils aient menti.

Mais si Jésus est un anti-messie, le soupçon a une tout autre force ; on voit que, combattant le messianisme, et foulant aux pieds cette royauté chimérique, il n'avait nul intérêt à se dire d'une tribu dont il n'était pas ; qu'eût-il été descendant de David, il se serait moqué le premier de la généalogie, ou qu'il l'eût invoquée hautement, etc.

Donc, les passages qui donnent à entendre que Jésus est Galiléen, Nazaréen, comme ses pareils, en conséquence qu'il n'est pas de la tribu de David, ces passages doivent être crus ; toute assertion contraire tenue pour fausse.

Ajoutez maintenant, l'inconciliabilité des deux généalogies, leur inutilité, au moins celle de Luc, si Jésus a été conçu du Saint-Esprit, — l'accusation des Juifs, qui disent que la Galilée ne produit rien de bon, etc.

Antequam Abraham fieret, ego sum. — Qu'a-t-il voulu dire par là ?

Probablement que les âmes existent de toute éternité ; ou bien encore, que sa doctrine est plu vieille qu'Abraham

IV

JÉSUS DIT LE CHRIST

Né dans une petite ville de province, loin de la capitale. Moitié citadin, moitié campagnard. Jouissant de toute la franchise d'une intelligence développée par la nature au sein de la famille, du travail, à l'ombre d'une synagogue, etc.

Témoin de la misère des masses, des intrigues de son temps, du machiavélisme des partis, de l'hypocrisie du sacerdoce, du fanatisme des sectes, et sentant bien que tout cela était zéro devant la puissance romaine.

S'exerçant ainsi tous les jours à appliquer à la situation de son pays les invectives des prophètes.

Suffisamment au courant des doctrines nouvelles.

Ouvrier charpentier, grand, fort, figure gracieuse et grave, ennoblie par la réflexion et le travail ; voix élevée et sonore.

Né sous Hérode, dit le Grand, il n'entend, dès sa naissance, parler que de la venue du Messie ; mais bientôt désabusé par l'opinion de Hillel, et la lucidité de sa propre pensée.

Génie naturel, éloquence innée, esprit précoce, fécond en figures, paraboles, apophtegmes.

Caractère puissant.

Esprit fort éclairé, pour un ouvrier et un juif ; d'autant plus éclairé, même, qu'il prenait, pour logique, la méthode géométrique de son art, et que toutes ses pensées étaient figurées d'après l'expérience, dépouillées de philosophisme, de raffinement ; enfin, l'égal des docteurs, quoique n'en ayant pas fait les études, et mérité le titre.

Conçoit, rapidement, par la force de la critique, une suite d'idées en dehors du courant judaïque :

1° Que depuis cinq cents ans la race de David a été éliminée par les événements et l'usurpation sacerdotale, en dernier lieu, par les Maccabées, Hérode, et les Romains ; par les Sadducéens, pharisiens, etc. ;

2° Que les vrais Israélites sont ceux qui, comme lui, fidèles à la loi, se sont affranchis des folies et extravagances de Jérusalem.

(Le Réformateur ne pouvait naître à Jérusalem.)

3° Que l'empire romain (4° de Daniel) est la réalisation même des espérances unitaires, et qu'il n'y a plus de rôle à jouer pour la Judée ;

4° Que la religion doit être expurgée, simplifiée ;

5° Tout à régénérer par la loi morale.

Il prêche, en conséquence, comme seule doctrine, l'amour ou charité, le désintéressement, la simplicité de cœur, la frugalité de la vie, la patience, la chasteté, la modestie, le travail, etc. C'est par là, dit-il, et par là seulement, que nous aurons raison du vieux monde.

6° En conséquence et parfaitement désillusionné du messianisme juif, du sacerdoce juif, et interprétant la loi dans un sens large, il se met à prêcher sa morale.

7° Il avait vu que déjà l'on s'était efforcé de faire passer pour un Messie, soit Simon le Maccabée, soit Jean Hyrcan, son petit-fils, soit Hérode le Grand ; et il ne donnait plus dans cette fantaisie ;

Génie politique natif ;
Conscience sublime ;
Bon sens exquis ;
Puissance d'intuition hors ligne ;
Qualités domestiques incomparables, grandeur et simplicité.

Tous ces traits de Jésus, dit le Christ, doivent être présentés, en dehors des renseignements positifs qui manquent presque toujours, comme une déduction logique de ce que l'on sait de plus certain sur son compte; mais sans couleur *romanesque*, et uniquement comme probabilités rationnelles, indiquées par la situation et la vie.

Progrès insensible de cet ouvrier, en *force, vertu, intelligence.*

(Bien des cas analogues : Hoche, Marceau, Lantara, Laplace, Gassendi, etc.)

Silencieux longtemps, méditatif, doux et fort ;

Rien du déclamateur ni de l'enthousiaste ; c'est pour cela qu'il entraîne tout.

Comment, en se mêlant à l'agitation pendant le voyage à Jérusalem, il est induit enfin à prendre la parole, puis encouragé et entraîné.

Le Christianisme est une réalité, l'existence de Jésus un fait.

Un certain nombre de ses dits et gestes ont été recueillis, conservés, et paraissent authentiques; la personnalité y est fortement empreinte.

Sa carrière très courte (six mois), rapide comme l'éclair et foudroyante, ne peut être révoquée en doute. — Sa *passion* fit assez de bruit pour être connue à Rome. (Tacite.)

Il s'agit donc de restituer cette figure historique, sans tomber dans le roman.

Personnage totalement incompris, de son vivant, complètement éclipsé ensuite pendant quarante ans, et dont on n'eût plus parlé du tout, si la chute de la nationalité juive ne fût venue le remettre en scène, quarante ans après sa mort.

Jusqu'à l'an 79, en effet, la secte se traîne, végète dans l'obscurité, la division, le mépris, au point que l'on oublie jusqu'aux détails essentiels de la vie, de la parenté et du caractère de Jésus [1].

Pendant *quarante ans*, on réfléchit sur ce qu'a voulu dire cet homme.

On cherche à pénétrer le sens de la mission.

On comprend, enfin, que le messianisme, selon lui, était la réforme morale.

Que sa Cène est l'abolition du sacrifice (affranchissement du prêtre).

Que Dieu peut être adoré ailleurs que dans le temple.

---

(1) Cf. pour les synchronismes, les *Tableaux d'histoire*, grand in-folio.

Que la théologie dogmatique n'est rien, la morale tout.

Toutes choses blasphématoires, scandaleuses, incompréhensibles, qui ne finirent par obtenir crédit que quand la ville, le temple, le culte, le sacrifice et la nationalité eurent été anéantis.

Telles furent les causes de l'obscurité où resta le Christ, et par suite sa doctrine et son histoire.

Quarante ans après sa mort, il n'y avait quasi plus de témoins de sa vie, Jean peut-être excepté, qui en avait alors soixante-cinq ou soixante-six et qui, au lieu de donner son histoire, se mit, à quatre-vingts ans, à *divaguer* sur le Verbe ou Logos, se faisant l'écho de folies nées longtemps après Jésus-Christ.

V

DURÉE DE SA MISSION

Strauss, d'après Jean, combiné avec Luc, datant le commencement de cette prédication, de l'an 15 de Tibère, 28 de notre ère, la renferme entre les deux termes de *deux années* minimum, et *sept années* maximum. — De *deux à sept ans*, — Jésus serait donc mort de l'an 30 à l'an 36.

Ses raisonnements ne me paraissent pas du tout concluants. On voit qu'aucun principe ne l'a guidé.

Il n'a pas d'abord compris que la mission de Jésus a dû produire un effet aussi *vif* que *profond*; que s'adressant aux masses, elle a dû, à moins de s'annuler bientôt par sa durée même, se poser avec éclat, obtenir d'emblée un succès immense, et avoir un formidable retentissement; ce que tout prouve d'ailleurs avoir eu lieu.

Ce n'est qu'à ces conditions qu'on agit sur les masses. Autre est l'effet d'une propagande populaire; autre celui d'une doctrine dans l'école.

Or, plus le succès de la prédication de Jésus a été puissant, brusque, instantané, plus il a dû soulever l'animadversion de l'autorité, déjà en éveil. On ne saurait admettre que les autorités juives, romaines, syriennes, aient toléré longtemps ce prédicateur. C'est beaucoup si on lui accorde un an.

Cette impression des discours du Christ devait être d'autant plus redoutable, que non seulement elle s'adressait aux masses, mais que, comme tout ce qui s'adresse aux masses, elle portait sur des questions dangereuses pour les classes supérieures et les puissances et autorités.

Strauss ne le remarque point assez. Il n'a pas vu le socialisme de 1848. Jésus fulmine contre les *riches*, les *puissants*, les *voluptueux*, contre les *sectes*, contre l'hypocrisie pharisaïque, contre les mépris des docteurs, contre la tyrannie sacerdotale.

C'est un soulèvement *socialiste* qu'il provoque.

A ces considérations se joint que la secte de Jésus parut d'abord complètement étouffée; le maître avait été prodigieux, mais il s'était à peine montré; il n'avait fait que paraître à Jérusalem : peu de gens du monde l'avaient entendu, la multitude seule, en quelques coins de la Galilée, l'avait suivi ; son prompt supplice avait ensuite détourné de lui l'attraction des hautes classes, que c'est à peine si l'on trouve de lui un souvenir dans l'histoire. Bref, Jésus, après quelques manifestations éclatantes dans les campagnes de la Galilée, et deux ou trois séances à Jérusalem, avait été enlevé, crucifié, bafoué, écrasé, ses disciples dispersés, anéantis ; sa mémoire livrée au ridicule et à l'ignominie, il n'avait laissé de lui qu'un *germe*.

Ce *germe*, ce sont les discours que nous ont conservé de lui les Évangiles.

C'est son zèle moral réformateur ; c'est la transfusion qu'il fait de la morale dans la religion.

C'est sa grande idée que le Messie n'est qu'une réforme du culte et des mœurs, et une libération des peuples, par un changement de l'esprit dans les institutions.

Sans ce *germe*, heureusement sauvé du supplice, Jésus était perdu, pour l'histoire, anéanti comme Theudas, etc.

Les évangélistes, bien étudiés, nous fournissent tous les indices suffisants, et il est étonnant que Strauss n'ait pas saisi cette conciliation.

Que Jésus soit allé dans sa vie plusieurs fois à Jérusalem, c'est indubitable ; que, dès avant sa mission publique, il se soit essayé dans des conversations particulières, c'est probable; que Jésus ait confondu tout cela avec les faits et gestes de la campagne commencée par lui à la suite de Jean, on le comprend encore.

Mais la mission publique n'a compris qu'un an au plus; elle se compose de trois parties, les allées et venues en Galilée, le voyage à Jérusalem, le séjour à Jérusalem et la passion.

Les trois premiers évangélistes sont précis à cet égard, et concluants.

Quant à Jean, le plus grand désordre règne dans sa narration, qui se compose uniquement de quelques discours mystiques et de quelques anecdotes; on ne peut pas admettre que, dans un an, Jésus n'ait fait que recevoir le baptême, parler à Nicodème; que l'année suivante ait été employée à convertir la Samaritaine, la troisième à raconter le bon pasteur, etc. [1].

---

[1] Toute la difficulté, dans cette relation, est dans la préparation, la mise en scène, et l'*entrée* de Jésus. Il faut un tableau profond des temps, plein de vérité et de réalité; bien établir les circonstances, bien marquer le sens et la portée de la mission de Jean; faire pressentir la nécessité d'une mission supérieure et bien amener les premiers discours de Jésus-Christ. Tout le reste va ensuite de lui-même. Il n'y a qu'à encadrer les discours du réformateur, les animer par quelques remarques, etc.

LA VIE DE JÉSUS

I

VIE DE JÉSUS, D'APRÈS E. RENAN

On connaît le fameux morceau de J.-J. Rousseau sur Jésus, lequel se termine par ces mots : *Oui, si la vie et la mort de Socrate sont d'un homme, la vie et la mort de Jésus sont d'un Dieu.*

Rousseau était un idéaliste, un artiste, un philosophe en qui la conscience n'était pas en dominante. Ce qui le charmait surtout en Jésus, c'était le côté sentimental, poétique, idéal.

En cela, il ne faisait, en niant la Divinité de Jésus, et ses miracles, que lui continuer le culte des chrétiens, orthodoxes ou non orthodoxes.

M. Renan a repris le thème de J.-J. Rousseau.

Mais, avant tout, il y a ici une question à laquelle ni l'un ni l'autre de ces écrivains n'a songé ; c'est que la même règle d'appréciation ne peut pas être appliquée à Jésus, homme, et à Jésus, Christ et Dieu ; que les mêmes paroles, la même conduite n'ont pas le même sens chez celui-ci et chez celui-là ; que ce qui peut être regardé comme sublime chez le Dieu devient outrecuidant, absurde, faux, immoral, et coupable chez l'homme ; en sorte que si Jésus, comme Verbe, Christ, est adorable en toute sa vie et ses discours, comme homme, citoyen et moraliste, il est condamnable, pour les mêmes paroles et les mêmes discours au premier chef.

Inversement, on peut dire que ce qui est louable dans l'homme, comme talent, éloquence, poésie, etc., redevient choquant chez le Dieu ; si bien qu'en définitive, il faut absolument se décider : ou à suivre l'Église et affirmer la divinité de Jésus, si l'on se prononce, comme Rousseau et M. Renan, en sa faveur ; ou adopter contre lui une règle d'examen des plus sévères, si l'on nie cette même divinité.

Là, point de milieu.

La grande question, pour le progrès ultérieur de la société, au temps de Jésus, était de savoir si la civilisation se poursuivrait par la simplification, l'épuration et la réduction des cultes à l'idée de Justice ; ou si, après avoir déclaré la fausseté et l'impureté des anciens cultes, on recommencerait sur nouveaux frais, à broder d'une mythologie, d'une théologie et d'une symbolique nouvelles, d'un sacerdoce nouveau, d'un rite nouveau, une nouvelle période religieuse.

Le mouvement philosophique, scientifique, juridique, politique, industriel, était pour le premier parti : l'opinion contraire ne pouvait provenir que des fanatismes locaux, de l'ébullition de la servitude et de la plèbe devenue souveraine sous les Césars ; enfin de l'alliance de l'autocratie impériale avec les vieilles superstitions.

La question s'agitait surtout en Judée, où la religion, monothéiste, sans simulacres, semblait plus capable qu'ailleurs de s'approcher du déisme pur, et de s'identifier avec le droit et la morale.

Il suffisait, pour cela, d'abolir le *sacrifice* sanglant, les vieux rites ridicules, la circoncision, ainsi que le comprirent d'abord Jésus et ses disciples ; puis, de rendre la réforme sociale et populaire, en y intéressant les masses, par le côté politique et économique.

Cependant la partie, d'abord très bien engagée par Jésus, a été perdue par lui, par ses disciples et leurs successeurs et elle l'a été par leur faute à tous : l'histoire de Jésus le démontrera pour ce qui le concerne.

Jésus, d'abord progressiste, est devenu *rétrograde ;* et il a été l'auteur d'une effroyable superstition, comme dit Tacite[1].

Paul après lui est devenu le Docteur de la grâce et de la chute, et a battu le parti de Pierre et de Jean.

A Nicée les Orthodoxes battent Arius, et triomphent de toutes les protestations gnostiques.

Enfin, saint Augustin a le crédit de faire condamner Pélage ; et voilà le monde noyé.

La cause du progrès a donc subi quatre grandes défaites, de la part de ceux-là même qui étaient censés l'appuyer :

Jésus contre l'ancienne loi ;

Paul contre Pierre et Jean ;

Les Gnostiques, Marcions, etc., contre les Orthodoxes ; le concile de Nicée, Chalcédoine, etc., contre Arius, Nestorius, Entyclie ;

Augustin contre Pélage, tel est, en peu de mots, la philosophie de cette histoire.

---

(1) *Exitiabilis superstitio.*

Mouvement, ou développement de l'action de de Jésus.

Jésus, par ses idées, par son éducation, par ses aspirations personnelles, est un *justicier* ; — la CONS-CIENCE est en lui dominante, plus élevée que l'*idéal*.

Les preuves surabondent ; elles résultent des chapitres v, vi, vii, de Mathieu, où sont comme résumées toutes ces idées de réforme morale, et par la morale, de la Société même.

Le but de Jésus est éminemment socialiste et justicier ; son *royaume des cieux* est le *règne de la Justice* ; son messianisme, le règne du droit, l'émancipation des esclaves, l'amélioration du sort des pauvres ; sa religion, une religion dégagée des vaines pratiques et des vaines croyances, sans théologie, presque du déisme ; son *Père* céleste est la conscience humaine, universelle ;

Sentiment élevé de la dignité humaine ;

Compassion pour les pauvres et les affligés ;

Soumission volontaire à l'ordre politique établi ; il sent que la question n'est pas là ;

Morale souvent exquise, qu'on pourrait appeler la *fleur de la morale*, ou l'*urbanité* dans le droit ; etc., etc., etc.

Voilà ce qu'il porte en lui ; ce par quoi il

dépasse son époque et fait de lui un réformateur aussi radical qu'original.

Il ne pouvait être indifférent en matière de religion, encore moins athée, mais, l'ESPRIT DE JUSTICE est en lui certainement supérieur à l'*esprit de dévotion* et c'est cela qui est décisif.

Jésus est sincère, mais pas si candide que le fait M. Renan.

Il ne sait pas les lettres grecques ; mais il sait très bien ce qu'il sait, ce qu'il veut, où il va ; et il est ridicule d'en faire un ignorant ; *artisan initié aux traditions et aux Écritures*, vivant à la campagne, ayant vu Jérusalem, Césarée, Tyr peut-être, etc., il possède toute une encyclopédie de connaissances.

Jésus, comme tous ceux que j'appelle *Justiciers*, est tendre de cœur ; ses sévérités, ses colères, ses invectives contre les *hommes d'iniquité* sont mêlées d'élan de sympathies, d'effusions pleines de douceur. Cette union de qualités ou plutôt de manifestations contraires, tient, au fond, au même principe, à la Justice, qui n'est autre chose que le sentiment élevé de la dignité humaine, dans soi et dans les autres ; ce qui produit également l'*amour du prochain*, et la haine de l'injustice.

Là est le piège, par là viendra la grande tentation de Jésus ; par là il périra, si le caractère, si l'énergie de la volonté n'est pas en lui à la hauteur de la conscience et de l'intelligence.

Or, c'est justement ce qui n'a pas lieu pour lui ; Jésus est faible ; ce n'est pas le *tenacem propositi* ; il subit les influences ; il obéit aux courants d'opinions ; sa résolution ne tient pas devant l'enthousiasme populaire ; il cède au torrent, et se laisse envahir par cet idéalisme que, d'abord, il repoussait ; nous le verrons caresser sa réputation de *prophète* et de *thaumaturge ;* se plaire aux titres de *Messie* et de *fils de Dieu* qu'on lui donne ; changer la signification de son *royaume des cieux,* succomber enfin à la plus déplorable, à la plus monstrueuse des tentations, tomber de la manière la plus honteuse, et se perdre en nous perdant avec lui.

La chute de Jésus fut plus grande que celle de Lucifer, le premier des anges, le favori de Dieu.

Sa résistance fut molle, et aujourd'hui je ne sais plus dans quelle catégorie on doit le ranger, parmi les saints ou les réprouvés. Ah ! certes, ce n'est pas lui que nous devons invoquer ; c'est pour lui qu'il nous faut prier, plus que pour aucun des mortels !

Influence de Jean-Baptiste : — Elle le décide de plus en plus dans le sens de la révolution sociale, juridique et religieuse.

Mais, en même temps, elle l'entraîne dans le messianisme ; il adopte l'idée de la rénovation millénaire, au sens le plus *concret*, le moins métaphysique, jusqu'à ce qu'enfin il se laisse dire et proclamer lui-même : Messie.

Jésus, à l'exception de la première partie de sa mission, où il agit comme moraliste pur et justicier, n'est excusable que s'il est Dieu.

Homme, sa conduite perpétuellement ambiguë est coupable, il a mérité sa condamnation, *reus est mortis ;* et la postérité la ratifiera.

Jésus Dieu a naturellement le droit de se dire Messie, et de donner à sa messianité le sens et la portée qu'il juge convenables ; de reprocher avec autorité aux scribes et aux pharisiens leur hypocrisie, aux prêtres, leurs prévarications. Homme, il ne peut qu'exprimer une plainte, dénoncer, formuler une accusation, réclamer des garanties, etc.

En un mot, son jugement, ne partant plus de si haut, n'a rien d'absolu, par conséquent exige de la circonspection, des tempéraments, des exceptions. Jésus condamne en masse ; cela est d'un homme de parti, d'un sectaire, c'est-à-dire d'un suspect, si ce n'est pas d'un Dieu.

Jésus Dieu a le droit de dire que son *royaume*, c'est-à-dire son œuvre messiaque, *n'est pas de ce monde;* qu'il n'est pas venu pour *commander*, renverser les puissances, distribuer des *trônes*, mais pour expier les péchés des hommes. A Jésus homme ce style ne convient plus du tout ; le messianisme implique, il le sait bien, une *rénovation matérielle de la terre;* il ne peut pas écarter de lui cette conséquence sans mentir, il faut qu'il y satisfasse, ou qu'il abdique hautement, qu'il désavoue cette qualité de Messie.

Simple *Rabbi*, il peut parfaitement répondre à la police qui l'interpellera, qu'il ne s'occupe pas de politique, qu'il ne travaille qu'à la réformation des *mœurs*, qu'il n'est nullement un rival de César ; que son but est, en détrompant ses compatriotes, de les sauver de leur propre fureur. Il ne lui appartient pas de dire que son *royaume n'est pas de ce monde*, puisqu'il n'est pas roi, qu'il n'affecte pas la royauté.

Jésus Dieu peut dire qu'il détruira le temple, qu'il créera une autre Jérusalem, qu'il éteindra le sacrifice, etc. ; Jésus homme est un blasphémateur, un imposteur en parlant de la sorte. Tout ce qui lui est permis, comme au premier venu, c'est de soumettre à la critique les rites inventés, les superstitions introduites dans le culte, les pratiques surannées, selon ce qu'il disait lui-même : *non veni solvere sed adimplere.*

Jésus Dieu a le droit de *remettre les péchés* ; Jésus homme ne peut se permettre un pareil langage, c'est mille fois plus que l'affectation de la tyrannie, c'est l'affectation de la divinité.

Jésus Dieu a le droit d'accorder ou de refuser des *miracles*, suivant son plaisir ; Jésus prophète n'est déjà plus dans la même condition, il faut qu'il en opère, et son refus est un indice de son imposture ; à plus forte raison, Jésus homme ne peut-il se vanter d'en faire, ou seulement laisser croire qu'il en fait, quand sa conscience lui dit qu'il n'en est rien, et sur ce point nous avons son propre témoignage.

Jésus Dieu a le droit, après avoir fait un miracle, d'imposer silence aux démons qui le décèlent, à la foule qui le proclame ; il est de sa dignité divine d'enseigner aux hommes que le titre de *Messie* n'a rien pour lui d'orgueilleux, que l'ambition et la vanité ne sont rien pour lui, d'autant moins que sa messianité consiste à souffrir ; il a le droit, en même temps, de dire aux malades qu'il guérit que c'est leur *foi* à sa divinité qui leur a mérité leur guérison. Tout cela, dans le Dieu, n'a rien de contradictoire. Oui, je suis votre Dieu, votre Messie, votre Rédempteur ; adorez avec moi le Père céleste, et faites silence. Pas de mouvements désordonnés. Jésus homme ne saurait parler de la sorte, et son embarras trahit son mensonge et sa vanité.

Aucune apologie ne peut ici le laver, je ne dis pas de crime d'usurpation, mais de la dissimulation plus honteuse à laquelle il a recours.

Jésus Dieu a le droit de se dire, au sens surnaturel, tantôt *Fils de Dieu*, tantôt *Fils de l'homme*, ou même *Fils de David*, alors même que les généalogies de Luc et de Mathieu seraient fausses.

Tout cela va de soi. Le messie marque sa double nature ; et qui peut dire le secret de la descendance selon la chair ? Jésus est coupable en acceptant de pareils titres ; c'est plus encore que de l'impiété, c'est de la folie.

Jésus a le droit, comme Dieu, de requérir l'amour, de s'appliquer le précepte *Diliges Dominum Deum tuum*. Dans l'ordre des idées divines, *aimer Dieu* et *observer la loi* sont termes synonymes. De la part de Jésus, simple mortel, une telle prétention est intolérable ; il n'a droit à être aimé que dans la mesure de sa vertu et de ses bienfaits. Un pareil langage exige répression.

Ainsi, tous les discours, tous les actes attribués à Jésus dans les Évangiles changent complètement de caractère, selon qu'on admet que Jésus parle comme Dieu, ou qu'on ne fait de lui qu'un simple homme. Voilà ce que n'a pas senti ni vu M. Renan.
Jésus lui-même paraît le comprendre ; il a eu le sentiment net de ce qui est de l'homme et de ce qui est du Dieu, de ce que pouvait faire et dire l'un, et de ce que pouvait se permettre l'autre ; et il a agi en conséquence. Or, comme Jésus n'est à mes yeux, ainsi qu'aux yeux de M. Renan, qu'un simple homme, je le blâme, je le déclare faussaire, imposteur, charlatan ; et, à cause surtout des résultats qu'il a obtenus et que je juge du point de vue humain, je le condamne à la troisième mort, sans rémission.
Jésus Dieu a le droit, au jardin des Oliviers, sur la croix et ailleurs, de laisser pâtir en lui la nature humaine : cela entre dans le plan divin de la rédemption : Jésus homme se diminue par sa faiblesse, par ses angoisses ; il n'est pas à la hauteur de son œuvre. Non seulement sa mort n'est plus d'un Dieu, quoi qu'on ait dit, elle n'est pas même d'un sage, elle est d'un étourdi.

Jésus Dieu a le droit de promettre le Paradis aux bons et l'Enfer aux méchants, de même qu'il a droit de requérir l'*amour* de tous. Jésus homme, simple moraliste, parlant d'après sa raison et son expérience, ne peut rien dire de ces choses; il méconnaît les limites de la science humaine, bien plus, il fausse la morale, qui, humainement parlant, doit subsister d'elle-même.

Ainsi le rôle de Jésus, tel qu'il est présenté par les Évangiles, et qu'on ne peut s'empêcher, au moins en grande partie, d'admettre qu'il fut joué par lui, ce rôle, dis-je, parfaitement intelligible, rationnel, sublime parfois, si Jésus est Dieu, devient monstrueux, sacrilège, abominable, si Jésus est un simple homme.

L'Église l'a compris ainsi : c'est pourquoi elle croit à la divinité de Jésus; elle l'adore; elle est logique, et non pas idolâtre.

Et moi, je le comprends comme l'Église, comme la tradition; mais comme je n'admets pas la divinité de Jésus, je tire contre celui-ci une conclusion contraire; au lieu de l'adorer, je le placerais plutôt au fond du puits de l'abîme, à la place où Dante, en bon chrétien, a mis Juda.

Celui qui croit à la divinité de Jésus peut soutenir, malgré toutes les apparences, que la religion fondée par lui n'est pas morte, qu'elle ne périra pas ; que cette grande œuvre n'est même pas encore finie ; l'avenir contient bien des secrets, l'avenir expliquera tout.

Pour moi, qui, dès le commencement, vois dans le christianisme une déviation, qui fais un reproche au christianisme d'avoir pendant dix-huit siècles détourné la civilisation de son but et réagi contre le Progrès, je repousse les espérances de M. Renan comme un leurre ; bien plus, je n'y vois qu'une prolongation d'imposture.

Je maudis l'œuvre de Jésus et j'en demande la fin.

Le dogme de la prévarication originelle admis, Jésus Dieu est dans la logique de son rôle en donnant son sang pour le salut du genre humain.

Mais un simple homme, un Jésus de Nazareth, fils de Joseph et de Marie, charpentier de son état, Rabbi par circonstance, Messie par occasion, qui me parle de *son sacrifice* pour le rachat de mes péchés, je le regarde comme le plus impudent des fourbes ; et je tiens ses allégations pour le comble de l'impertinence. Si tu meurs, lui dirai-je, c'est que tu l'as mérité ; garde pour toi-même la vertu de ton supplice.

Ici est vraiment le comble de la scélératesse. Tromper les hommes, les pousser à la révolte, à la superstition, à la ruine ; se dire Dieu, et alléguer ensuite, au moment de satisfaire à la justice par une juste expiation, que ce qui arrive est pour le salut du monde ; c'est là une profondeur de fourberie, de rage satanique, dont un fanatique juif pouvait seul avoir l'idée.

Quiconque me dirait : Je mourrai pour toi, si tu veux m'adorer ; si je n'étais sûr qu'il est fou, je lui cracherais à la figure.

C'est pourtant ainsi qu'on séduit les femmes. Tous ceux qui les empaument veulent mourir à leurs pieds, mourir pour elles !... Qu'en revient-il ? Honte et infamie !

Mais que sera-ce à présent, si nous avons quelque raison de soupçonner que Jésus ne mourut pas de son supplice, et, qu'après être échappé à la mort, il organisa lui-même la fable de la résurrection, seule et unique base de la religion ?

Jésus, vrai Messie, Jésus Dieu, devait ressusciter. Je n'ai pas besoin d'ajouter que Jésus homme ne le pouvait pas ; mais ce qui met le comble à mon horreur, c'est de le voir, à l'écart, jouer aux apparitions ; jouer le rôle de *revenant*, après avoir joué celui de Dieu incarné, et travailler ainsi à son apothéose. On sait que Napoléon Ier, à Sainte-Hélène, arrangea après coup l'histoire de son règne, et exposa sa politique. Comme s'il eût voulu prévenir le jugement de la postérité, et après avoir dominé pendant sa vie par la force, régner encore, par le mensonge, après sa mort. Cette conduite de Napoléon, qu'on la fasse aussi noire, aussi perverse qu'on voudra, est à cent millions de lieues de celle de Jésus.

C'est pourtant à cela que conduit l'*idéal!*
La vie et la mort de Jésus sont d'un imposteur; la comédie de la résurrection est d'un monstre.

Ah! de grâce, si vous estimez le personnage, ne marchandez pas : dites avec l'Église, qu'il fut Dieu, qu'il est votre rédempteur, et adorez-le.

A ce point de vue, tout est clair, tout devient moral, sublime, divin, Jésus est le trait d'union entre l'humanité et la divinité, il les réconcilie, il les honore également l'une et l'autre.

II

CRITIQUE DE M. RENAN *

M. Renan a mal à propos appliqué à Jésus le système de Taine.

Les hommes de génie font souvent exception au caractère indigène.

D'ailleurs, selon les temps, la chanson est différente ; la gamme des tons fort étendue.

A montré qu'il ne suffit pas d'être philologue, pour juger une cause semblable.

C'est de la critique judiciaire qu'il faut ici !..

S'est contredit sur les *Miracles*. Ce n'est pas le miracle en lui-même qu'un philosophe doit contester ; il doit expliquer comment on a cru aux *Miracles*. (Tératologie intellectuelle et morale.)

Puis, un athée comme Renan ne peut pas raisonner comme Rousseau, déiste ; il doit raisonner comme Hume, qui le nie absolument.

Sentiment religieux faible chez lui.

Sentiment moral faible aussi.

Jésus n'est point un idéaliste, comme dit Renan, mais un *justicier*.

Non un intuitif, mais un homme de profonde réflexion, et de concentration puissante; non un phénomène, mais une volonté de premier ordre.

III

VIE DE JÉSUS, D'APRÈS L'ABBÉ MICHON

L'abbé Michon, auteur de la meilleure brochure sur l'ouvrage de M. Renan.

Oui, il faut que le christianisme, que l'œuvre de Jésus soit expliquée ; elle l'a été par moi dans mon livre *de la Justice*, dont je n'ai qu'à reproduire les propositions.

La religion, comme dogmatique, n'a de valeur qu'autant qu'elle sert, dans les sociétés primitives, d'*appui à la morale*.

Ce besoin de sanction religieuse caractérise l'état primitif des âmes humaines. — Plus tard, l'homme adulte marche seul dans sa dignité et sa justice propre.

Comme dogmatique, ou théorie, toutes les religions ont passé ; toutes ont reçu leur interprétation exégétique : il en sera, il en est de même du Christianisme.

M. Renan a-t-il prouvé qu'il n'y a pas de Dieu ?

Non, cela ne se peut démontrer pas plus qu'on ne saurait démontrer qu'il y en a un. C'est la question de l'*absolu*, qui s'impose comme conception, mais ne se résout pas comme réalité.

A-t-il prouvé que l'âme divine ne peut s'unir à celle d'un homme, de manière à en former un Christ ?

Non, il n'a pas prouvé cela, et cela n'est pas prouvable ; cela n'est pas même utile. — Il suffit qu'on puisse expliquer le Christ sans cette donnée.

Jésus est un imposteur et un fou, s'il n'est Dieu ? — Ni l'un ni l'autre, je le prouverai.

Le Christ est une institution, qui dépasse la mesure d'un homme : sans doute, aussi, n'en faisons-nous pas l'œuvre d'un homme. C'est une manifestation de l'*âme collective*, une évolution de la psychologie sociale, dont le premier converti a été Jésus lui-même.

Cette *priorité*, la conscience qu'il a eue de sa *foi*, de son état mental, son dévouement à cette œuvre, le rendent grand parmi les hommes, mais ne font pas de son initiative personnelle une chose supérieure à l'homme.

Quid des miracles ? — Autre manifestation de la psychologie sociale : c'est de la tératologie mentale.

Jésus ni fou, ni thaumaturge, ni imposteur ; doué de facultés extraordinaires, magnétiques, intuitives, etc.

Dissolution contemporaine par l'incrédulité croissante. — Vrai.

Quelle ressource ? — Il n'y en a pas d'autre que dans la *justice immanente*.

L'état de l'âme humaine change.

Les consolations spéciales données par le Christ *supprimées*.

Pas d'espérance de survie, pas de rapports mystiques.

La charité est gâtée ; la philanthropie ne vaut pas la peine qu'on s'en occupe ; plus de ressources que dans le droit, revendiqué avec énergie et pratiqué rigoureusement.

Les honnêtes gens sont les grands coupables. C'est à eux de se faire vengeurs, justiciers et policiers ; de chasser les intrigants gouvernementaux, les exploiteurs, les malfaiteurs, les coquins, les tourbes.

Au lieu de la vie *ascétique* et de l'*exercice spirituel*, la *vie justicière*.

Se bien convaincre que hors la pratique sévère du Droit, tout est perdu, que la seule base de la morale, c'est le droit ; que hors de là, néant. Nous pourrissons, comme les chiens, comme l'ancien monde, comme l'Inde, l'Égypte, comme toutes les sociétés qui ont pourri.

Guerre à la fausse littérature, à l'idéalisme, aux écrivains qui nous font des *Misérables*, des *Bovary*, des *Jacques*.

Peut-être un jour, qui sait? le progrès de la philosophie et des sciences, surtout le progrès de la morale et de la liberté, le développement de la Justice, nous donneront des vues supérieures, et peu consolantes, sur la destinée finale de l'homme. Jusque-là, nous sommes de vrais condamnés ; nous sommes dans une place assiégée; il nous faut du droit, de la morale, de la discipline, du travail, de la mutualité, et la guerre aux fripons.

IV

JÉSUS EST DIEU, D'APRÈS MONSEIGNEUR PARISIS

Dissertation pastorale, de 70 pages, à propos de Renan.

D'une extrême faiblesse critique, cette dissertation, qui ne fait que répéter les arguments les plus rebattus de la théologie des séminaires, suggère à l'esprit cependant des considérations très graves, résultant du fait même de l'*universalité* de la croyance à Jésus-Christ, et de la prodigieuse antiquité de la tradition qui s'y référait.

Il est parfaitement prouvé que les passages des Psaumes, des Prophètes, etc., dans lesquels on a vu des annonces du Christ, ne s'y rapportent point.

Mais il n'en est pas moins vrai que depuis un temps immémorial on les a rapportés au *Messie*. (Genèse, condamnation du serpent; — id., prophétie de Jacob; — Exode, Prophétie de Balaam; — Deutéronome, annonce de Moïse; — Chants à la gloire de David et de sa race ; — Retour de la captivité, etc.)

Tous ces textes, et les *faits* auxquels ils se rapportent, semblent des *allégories réelles* du Christ.

Sous ce rapport, la foi au Christ ressemble à la foi à la Divinité.

De même que la dialectique renverse facilement les *démonstrations* prétendues de l'existence de Dieu, la critique n'a pas moins facilement raison des textes bibliques et de toutes les dissertations sur le Christ. Mais il y a une chose qui, en dépit de la critique de Kant, et de tous les arguments athéistes, subsiste : c'est la foi universelle à la divinité ; c'est le phénomène primordial et constant, de cette foi, qui, sans se soucier d'exactitude scientifique et de logique, se prend à tout, se fait un argument de tout, voit Dieu partout, et aperçoit dans les moindres choses des signes de la présence des monuments de son action, de sa volonté et de sa sagesse.

C'est ce phénomène, de la croyance humaine qu'il s'agit d'atteindre, qui me frappe ; qui se pose comme l'instinct le plus élevé, le plus primordial, le plus indestructible de notre nature ; et dont on n'a pas raison le moins du monde avec des analyses métaphysiques ou des plaisanteries blasphématoires, comme celles de M. Renan : « *Bon vieux mot ; un peu lourd.* » Ce qui est lourd ici, et de la plus mauvaise grâce, c'est cette manière superficielle d'envisager la question. Car enfin, la croyance à la divinité, c'est nous-mêmes, c'est notre âme, c'est notre conscience, c'est notre raison, au moins dans sa formule primitive ; en sorte que nous ne pouvons, au point de vue le plus rigoureusement scientifique et positif, nier Dieu, nier la *croyance* à Dieu, sans nous renier nous-mêmes, sans condamner notre âme, notre esprit, notre intelligence.

La foi à la divinité, en un mot, apparaît non comme l'erreur du sauvage, qui, en voyant son ombre sur le sable, la prendrait pour une *réalité*, un nuage, un esprit, un quelque chose qui s'attache à lui, tandis que ce n'est bien positivement rien.

Cette foi est en nous organique, essentielle, constitutive de nos idées et de nos mœurs, placée à la source de toutes nos affections. Ce n'est pas là, évidemment, ni un quiproquo, ni une méprise, ni une illusion, ni une maladie mentale, ni un faux jugement. C'est une affirmation innée qui s'impose et qui, dès qu'on prétend la démontrer, s'évanouit.

Vais-je conclure maintenant de cette foi originelle, authentique, qu'elle est fondée en philosophie et en droit, et que l'être qui en est l'objet est vrai ? Sur quel argument poserais-je cette conclusion ? En vertu de quoi ? Je ne puis raisonner cette croyance sans l'affaiblir et l'éteindre ; et l'on me demande de m'y rendre.

Mais pour que je souscrive à cette croyance, il importe, avant tout, que je ne la déflore pas par mes arguments, que je ne la discute point, que je la laisse dans toute sa naïveté. Il faut redevenir enfant, pour croire ; le savant n'y peut rien ; il est athée. Il l'est foncièrement, inexorablement, d'autant mieux qu'en réfléchissant ensuite, sur les conséquences que le croyant déduit de sa foi, avec la même sûreté d'instinct, d'intuition, de croyance, ou préjugement qu'il a affirmé Dieu, le savant découvre des raisons de plus en plus graves de se soustraire à cette foi.

Pour l'un cette foi est un bien, pour l'autre elle est un mal.

En effet, le croyant jouit d'un avantage immense, ou, comme parle la religion, de consolations très grandes, dans sa croyance.

Il croit que l'Être souverain, qui a disposé

l'univers, et dont l'intelligence embrasse les moindres choses, comme sa puissance atteint aux actions les plus infimes ; il croit, dis-je, que cet Être suprême a l'œil sur lui, qu'il s'occupe de lui ; il ne peut pas ne pas le croire, et une fois Dieu infini, éternel en tous ses attributs, affirmé, cette croyance est parfaitement rationnelle.

Il croit qu'il est en rapport avec Dieu ; que si tout est né de Dieu, se meut en Dieu, vit en Dieu, rien ne se peut perdre en Dieu ; que si la matière créée est éternelle dans ses mouvements et ses formes, la pensée formée au sein de cette matière ne peut pas être détruite ; que si l'intelligence de Dieu ou le Verbe est éternel, le Verbe humain ne peut être anéanti ; en sorte que l'homme né de Dieu, est doué d'une vie incorruptible par le côté qui le fait ressembler à Dieu, à savoir la *conscience*, l'*intelligence*, la *volonté*.

Je ne vais pas plus loin. Une fois qu'à l'existence de Dieu s'est ajoutée, comme deuxième point de croyance, l'immortalité de l'âme, on tient toute la religion, il est aisé de voir que s'il existe un être, *Absolu* et *Personnel* tout à la fois, qu'on nomme Dieu, réunissant en soi, ce que la logique hégélienne déclare tout à fait rationnel, les deux antipodes de l'être, l'*Absolu* et la *Personnalité;* si, dis-je, un pareil être existe; s'il crée, entretient et gouverne tout, il doit être en un rapport quelconque avec l'âme humaine; ce rapport, c'est, en général, ce que l'on nomme *révélation ;* c'est la *Religion.*

Ainsi le *naturel* et le *surnaturel* s'unissent dans la pensée du croyant; ils ne s'excluent pas, au contraire, ils se supposent, comme les deux pôles de l'Être, dont l'équateur est dans l'entendement humain au point où viennent se toucher dans l'acte intellectuel, l'*idée* et le *fait.*

Cette situation que le croyant se fait à lui-même dans le système de l'univers, en communication avec Dieu, et un pied déjà dans l'éternité, est magnifique ; elle est pleine d'espérance et de consolation ; elle élève l'homme bien au-dessus de toutes les terreurs et de toutes les misères.

Mais c'est justement cette situation si belle que le raisonneur ne peut accepter, et à laquelle il trouve, lui, des impossibilités, des absurdités et même des immoralités radicales.

1° Pour être croyant, il faut croire *sans preuves.* Aucun fait d'observation positive, dûment analysé, n'autorise à dire : Dieu est là, toutes nos attestations sont des sophismes. Nous sommes placés sur une chaîne de cause et d'effet, qui s'allonge à mesure que nous la parcourons ; de sorte que Dieu lui-même semble reculer et s'éloigner de nous, à mesure que nous faisons effort pour nous rapprocher de lui. Dieu, disent les croyants, les pieux eux-mêmes, ne se sent que par le cœur.

Mais il s'agit de certitude ; et le sentiment n'a rien à faire là.

2° Il faut s'abstenir de *raisonner*. — Je veux dire que, s'il n'existe aucun témoignage physique, phénoménal, immédiat, saisissable au sens de la présence et de l'action divine, il n'y en a pas davantage dans l'entendement, les preuves métaphysiques sont tout aussi illusoires que les autres. — Ici, encore, le pieux est forcé de dire que Dieu ne se prouve que par le sentiment.

Quelle est donc cette croyance qui, pour se faire sentir, n'exige rien de moins que la suppression du témoignage des sens et de celui de l'entendement ? — Peut-elle être admise ?

Disons, tout de suite, que la même impossibilité de démonstration, les mêmes inconvénients rationnels qui frappent la croyance à la divinité, atteignent les deux dogmes qui s'en déduisent, et qui sont, d'une part, l'immortalité des âmes, et l'existence de rapports entre Dieu et l'humanité, par la Religion.

3° Mais, voici le pis. — Si nous admettons ce système de croyance dont nous avons reconnu, d'ailleurs, la spontanéité, l'universalité, l'authenticité, et même le côté splendide et consolateur, nous n'avons plus de règles ni pour la direction de notre esprit, ni pour notre vie. Nous vivons dans un chaos de naturalisme et de surnaturalisme, tantôt affirmant l'enchaînement naturel des effets, des causes, tantôt appelant à la Providence ; nous jetons le doute sur la science, les lois de la nature et de l'humanité, notre philosophie n'a plus ni sens, ni utilité, puisqu'elle peut être, à chaque instant démentie ; le *Peut-être* tombe sur la nature, sur l'humanité et sur la raison, rend tout équivoque, douteux, incertain ; la raison perd toute autorité ; la logique est infirmée ; toute certitude croule par la base ; l'homme ne peut assurer rien de rien, ni de lui-même ni des choses ; — la Justice n'a plus de raison suffisante en elle-même, pas plus que la raison philosophique ; elle est subordonnée à la volonté d'en haut, à l'intervention du Ciel, dont elle n'est que le décret, et qui peut y faire toujours exception, et le révoquer.

A cette espèce de raison d'état du Ciel, ne tardent

pas à s'ajouter, dans la religion, la raison d'état du sacerdoce, suivie bientôt de la raison d'état du prince puis une foule d'exceptions, de réserves, d'accommodements, d'acquittements, qui ôtent toute fixité au droit et à la morale, comme elles l'ont ôté à la raison et à la science.

En résumé, l'homme, abstraction faite de ses croyances innées et primordiales, de son aspiration vers Dieu et l'Éternel, est ainsi constitué dans sa raison et dans sa conscience que, s'il se prend au sérieux, il est forcé de renoncer à la foi, de la rejeter comme mauvaise et nuisible et de déclarer que pour lui, *Dieu, c'est le mal.*

A cette proscription décisive, qui sauve sa dignité, l'homme perd quelque chose, c'est incontestable ; il perd immensément ; il perd ses espérances immortelles ; il perd ce rapport avec l'infini qui donne une satisfaction si ample à son orgueil et à son sens intime, il sacrifie sa propre éternité, afin d'être, pendant un instant, quelque chose, et de pouvoir s'affirmer lui-même ; il se place volontairement DANS LE CRÉPUSCULE *in tenebris et in umbrâ mortis*, entre la cause première à laquelle il renonce, et la cause finale qu'il n'atteindra jamais, ce tout, afin de pouvoir dire, pendant une vie sans précédent et sans avenir, vie qui s'écoule avec la rapidité de l'éclair : Moi !

Ma conscience est mienne, ma justice est mienne, et ma liberté est souveraine. Que je meure pour l'éternité, mais que du moins je sois homme, pendant une révolution de soleil.

Telle est donc la position respective du croyant et du raisonneur, position que la religion positive que nous résumons tout entière dans le christianisme a rendue plus inconciliable encore et plus antagonique.

Analogie de la croyance en un médiateur messiaque avec celle de la divinité elle-même.

Universalité, spontanéité de cette croyance. Phénomène qu'on ne détruit point par l'analyse philologique des textes bibliques et la réfutation des prophéties.

Développement par le messianisme, des principes de théisme, *prophéties, révélations, miracles, vie religieuse, intérieure, morale, excentrique.*

Il est patent que l'humanité croyante voit des choses que l'humanité savante n'aperçoit pas ; elle conçoit, raisonne, et juge autrement ; elle conclut différemment.

Pas de rapprochement possible.

Organisation du mysticisme dans le culte, la prière, les sacrements, la vie cénobitique et monacale, les exercices de dévotion, les retraites, le piétisme, etc.

Tout cela est anti-scientifique, anti-rationnel, et même anti-moral. *Nous*, qui suivons le droit pur, nous ne pouvons nous empêcher de le dire et quand nous envisageons de près, dans ses conséquences pratiques, cette vie prétendue spirituelle, elle nous fait horreur, autant, au moins, que notre rationalisme impitoyable, je ne veux pas dire impie, et notre justice affranchie de toute grâce céleste lui fait horreur à elle-même.

Le comble de cette répulsion, c'est quand, d'une part, les raisonneurs voient les croyants rejeter systématiquement, en conséquence de leur croyance, toute certitude philosophique, ébranler la science afin de fortifier leur croyance, nier la morale, dès qu'elle aspire à se poser en dehors de toute religion et pratique cérémonable; et quand, de l'autre, les croyants, de leur côté, voient les raisonneurs affirmer une justice délivrée de toute préoccupation céleste et porter le flambeau de leur critique jusque sur les mystères de la révélation et des traditions de leur culte.

Là est la grande scission moderne. Elle est irréparable. Impossible d'en revenir. Il faut, pour rendre la société possible, que les uns, les incrédules, fassent effort de tolérance, tandis que les autres, les pieux, feront effort de charité.

Nous devons reconnaître tous, de bonne foi, ce que nous sommes, accepter notre situation, nous respecter les uns les autres et nous entre-secourir comme si nous étions tous, tout à la fois et au même degré, savants et croyants, pieux et justiciers.

Il n'y a qu'un moment où la réconciliation entre nous soit possible, c'est celui de la *mort*, celui où le vivant rentre dans l'éternité. A ce moment, le savant qui a longtemps médité, longtemps combattu, qui s'est dévoué gratuitement à la justice, qui a vécu sans espérance ultérieure, le héros du dévouement, le vrai homme, peut tendre la main au croyant et recevoir ses adieux.

Quant aux hommes de l'école de M. Renan, qui bafouent la croyance et insultent à l'esprit révolutionnaire, ils sont nos ENNEMIS à tous. Leur idéalisme n'est que corruption, c'est la mort du droit comme de la piété ; c'est le *mépris de toute chose divine et humaine* érigé en dogme ; l'égoïsme, empoisonneur obscène et lâche, qui souille de son venin tout ce que les hommes respectent, soit à titre de vérité et de droit, soit à titre d'inspiration et de vérité.

Dieu et les hommes, la religion et la justice, le Christ et la révolution, sont également outragés dans ce livre, et ce sera l'éternel opprobre que la fortune dont il a joui

JÉSUS PAR PROUDHON*

I

L'IDÉAL MESSIAQUE*

Jésus-Christ, le Jésus de l'Église et de l'Évangile, n'est pas seulement un homme dont la vie, les discours et les actions ont été interpolés, surchargés, dénaturés ; c'est un personnage évidemment *idéalisé*, élevé par la pensée générale à une hauteur surhumaine, un homme dont la taille, la figure, la parole, la conscience, sont au delà de notre diapason mortel.

Ainsi l'Hercule Farnèse dépasse la mesure de tous les corps connus ; ainsi le Jupiter de Phidias, la Minerve du même ; l'Apollon, etc. Rechercher aujourd'hui, à l'aide des statues et de la mythologie, quel a été au vrai le fils d'Alcmène, ou le Prométhée, ou le Cyclope, serait une entreprise aussi raisonnable que de vouloir reconstituer le Jésus réel, surtout en lui conservant une idéalité égale ou analogue à celle de l'Évangile. Quoi qu'on fasse, dès l'instant qu'on sépare l'homme du Dieu, sa portraiture restera nécessairement au-dessous de l'idéal conçu par les chrétiens du premier siècle à peine de tomber dans une fausseté pire, et, après avoir abandonné et nié le Dieu fait homme, d'affirmer un être poétique et fantastique de l'espèce de celui de M. Renan, ce qui est un genre de mystification intolérable.

Cet idéal donné à Jésus le Galiléen n'est pas difficile à prouver : sans parler de ses miracles, de ses guérisons, de sa faculté prophétique et divinatoire, qu'il a de commun avec les anciens prophètes, et qui font évidemment de lui un homme hors la mesure ; il y a encore dans ses discours et sa conduite quelque chose qui excède la mesure commune. Et cela est nécessaire : l'imagination qui a conçu et créé le Christ, thaumaturge, prophète, homme-Dieu, a dû hausser son langage au niveau de sa puissance, et donner à ses actes quelque chose d'excentrique.

Ainsi Jésus, dans l'Évangile, paraît entouré de saintes femmes.

Il est clair que, dans la pensée des narrateurs, il apparaît ici élevé au-dessus de toutes les faiblesses de la chair et du cœur ; et il répugne, en effet, que le Christ ait pu être ni amoureux ni tenté de ce côté-là. C'est une indignité et un blasphème que de le supposer.

Mais nous ne croyons pas au Christ surhumain de l'Évangile : que dirons-nous de lui sous ce rapport ? Allons-nous, pour lui conserver un certain vernis poétique, le rendre par là plus intéressant, en faire, avec M. Renan, un joli garçon qui séduit le cœur des femmes comme un jeune sous-diacre séduisant ses pénitentes, faire de lui l'amant, plus ou moins mystique de Marie la Magdaléenne, ancienne femme galante, et lui donner, à la passion, des regrets érotiques ?

D'abord, ce serait chose tout à fait gratuite ; rien n'autorise à prêter à Jésus ces tendresses et cette sensibilité d'amour. Puis, au lieu de rendre le sujet plus intéressant, selon moi, on l'avilirait. Que reste-t-il donc au biographe rationaliste ? Rien autre chose que ceci : S'il est évident que Jésus, simple homme, n'a pu sous ce rapport, pas plus que sous aucun autre, atteindre à l'idéal de la vertu que l'Évangile donne à l'homme Dieu, tout au moins, on peut et l'on doit reconnaître, que prêchant une réforme morale, il vivait avec une extrême réserve et dignité ; traitant les femmes, comme sœurs, avec bonté et respect, mais avec une extrême hauteur, prudence, et discrétion, comme il convenait à un sage, à un docteur, *Rabbi*, grave.

Ce que M. Renan s'est permis à cet égard lui est venu de la détestable inspiration du siècle ; c'est de la fantaisie à la Rousseau, et à la Sand. On peut dire, que non seulement il a détruit l'idéal messiaque, mais encore qu'il a souillé le caractère vrai du réformateur.

Ceci devient d'autant plus délicat que les Évangiles racontent, sans le moindre scrupule, que Jésus vivait des largesses de quelques femmes, qui le soutenaient de leurs biens. Tout est bien dans l'esprit de l'Évangile, qui fait de Jésus un Messie, un thaumaturge, un Dieu. Mais quand M. Renan, démolissant le personnage surhumain, le ramène aux proportions d'un jeune mystique plein de séduction, et en partie séduit lui-même, que devons-nous penser de tout cela ?

Il ne suffit plus ici de dire que Jésus usait de l'hospitalité orientale : cela devient à la fin par trop *naïf*, et conséquemment suspect. M. Renan prend soin lui-même de relever les naïvetés de

Jésus. Que faire donc ici pour sauver le personnage, si, après lui avoir ôté son autorité messiaque, nous conservons comme réelle cette circonstance du dévouement des dévotes ? Une chose toute simple, importante pour l'histoire, et qui ne prête aucunement à la critique : c'est que Jésus était communiste ; il l'était comme l'étaient de son temps les Esséniens, dont quelques-uns admettaient les femmes dans leurs communautés et étaient mariés ; il l'était comme l'avait été Pythagore ; et il pratiquait son principe avec autant de franchise que de dignité. A lui le ministère de la parole ; à d'autres le soin du ménage et des recettes ; faut-il que l'historien aille rechercher si, parfois, la caisse était vide ; si la mission n'était pas sujette à de fréquentes et dures privations ?

A quoi bon ces investigations misérables ? L'Évangile, par la bouche de Jésus, nous dit lui-même tout ce que nous avons besoin de savoir ; et il le dit en termes qui coupent court à toute curiosité : C'est que *Le Fils de l'homme n'a pas où reposer sa tête.*

Ces simples mots nous touchent, nous attendrissent, et en même temps nous frappent par leur élévation ; ils nous font toucher ici du doigt un caractère sublime, qui a fait vœu de pauvreté volontaire, parce que la pauvreté la plus absolue est la condition même de son ministère.

Il fallait, abstraction complètement faite du Messie divin, que le sage qui entreprenait une telle réforme, fût pauvre, le plus pauvre des mortels ; que, dans cette pauvreté extrême, il sût soutenir la dignité de sa mission et l'autorité de sa parole ; sans cela, il devenait un rabbin d'école, il n'était plus le réformateur populaire qui, à la place d'un Messie fantastique, roi, fils de Dieu, conquérant, devait enseigner la réforme des mœurs et la rémission des péchés [1].

Ici, la vérité redevient grande et belle ; elle touche à l'idéal, et n'a pas besoin d'explication.

Quand Jésus a dit le mot fameux : *Rendez à César ce qui est à César, et à Dieu ce qui est à Dieu*, il est essentiel encore de distinguer ici deux sens : l'un qui vient de l'idéalisation, ou divinisation de la personne de Jésus ; l'autre, qui est le sens humain d'une parole tout humaine.

Au sens de l'Église et des chrétiens, Jésus a séparé, d'autorité divine, la *Religion* d'avec l'*État*,

---

(1) Cf. Marc, vi. 3. — Ma note, où il est remarqué que cette pauvreté de Jésus forme un trait précieux et n'a été comprise de personne.

il a commandé le respect aux puissances établies, à telles enseignes qu'il a fait un devoir aux Israélites messianistes d'obéir à César, roi étranger, idolâtre, tyran et oppresseur. Évidemment, Jésus, Christ et fils de Dieu, pouvait seul tenir ce langage, qui est devenu un des dogmes principaux de la religion.

Le mettre dans la bouche d'un simple homme, au temps où vivait Jésus, était chose exorbitante, insensée, d'ailleurs presque inintelligible.

Aussi le sens ecclésiastique de ce passage n'est-il pas du tout, selon moi, le sens historique et vrai. Jésus, à qui l'on tend une embûche, se tire adroitement d'affaire à la confusion de ses ennemis[1].

. Au reste, le fond de ses paroles est celui-ci : *Cédez donc à la nécessité sans murmure et par respect pour vous-même;* et faites de même *pour les choses de Dieu.* Le sens est précis, plein d'actualité ; il va au but ; il est d'ailleurs irréprochable, et d'autant mieux que dépouillé de toute ambition[2].

---

(1) Math., xxii, 21.

(2) « ... Le chrétien véritable est ici-bas un exilé ; que lui importe le maître passager de cette terre, qui n'est pas sa patrie ? La liberté pour lui, c'est la vérité. Jésus ne savait pas assez l'histoire pour comprendre combien une telle doctrine venait juste à son point, au moment où finissait la liberté républicaine et où les petites constitutions municipales de l'antiquité expiraient dans l'unité de l'empire romain. Mais son bon sens admirable et l'instinct vraiment prophétique qu'il avait de sa mission le

Les paroles relatives au *Temple* me paraissent avoir été de même élevées à l'idéal par l'Église. Quand Jésus dit : *Détruisez ce temple; et en trois jours je vous en ferai un autre*, il veut parler, non de sa résurrection, comme dit un Évangéliste, mais de la doctrine, qui des hommes fait des *temples à Dieu*.

Il le répète ailleurs dans ces mêmes termes ; cela est beau, simple, vrai et tout humain, bien que dit en langage religieux.

Immortalité de l'ame. — Réponse de Jésus : que *Dieu ne traite pas avec de purs néants*[1]. Cet argument, bien développé, est d'une profondeur philosophique qui n'a jamais été égalée. En effet, l'homme fait partie du système de la nature, qui est éternelle ou tout au moins repose sur l'éternel. Il a donc fait un pacte avec elle et avec Dieu. Comment périrait-il ? Mais l'Église s'en tient ici à

---

guidèrent ici avec une merveilleuse sûreté. Par ce mot « Rendez à César ce qui est à César et à Dieu ce qui est à Dieu » il a créé quelque chose d'étranger à la politique, un refuge pour les âmes au milieu de l'empire de la force brutale. Assurément, une telle doctrine avait ses dangers. Etablir en principe que le signe pour reconnaître le pouvoir légitime est de regarder la monnaie, proclamer que l'homme parfait paye l'impôt par dédain et sans discuter, c'était détruire la république à la façon ancienne et favoriser toutes les tyrannies. Le christianisme, en ce sens, a beaucoup contribué à affaiblir le sentiment des devoirs du citoyen et à livrer le monde au pouvoir absolu des faits accomplis... » Renan. *Vie de Jésus*, ch. vii, p. 121.

(1) Marc, xii, 26-27.

la lettre du texte, ce qui est bien pour un Christ-Dieu, mais nous paraît forcé. Aussi les théologiens ne se servent guère de cette preuve.

PARABOLES[1]. — Il convient de remarquer l'effort fait parmi les chrétiens pour idéaliser, au sens mystique, des paraboles qui s'entendaient fort bien au sens réel. — A cet égard, tout ce que Jésus a dit de sa pauvreté, de la nature de son messianisme, de sa passion, de sa mort a été idéalisé plus tard. Lisez la *parabole du semeur*[2]. Là se voit, à nu, comment le personnage de Jésus a été idéalisé.

Autre exemple de la manière dont l'*idéalisme* a altéré le sens de Jésus : (*Math.*, XVI, 39, *signe de Jonas*).

Les Évangiles doivent être relus attentivement d'après cette méthode, qui seule donne le moyen de restituer, en partie, le caractère historique de Jésus.

---

(1) MARC, IV, 31.
(2) MATH., XIII. — MARC, IV, 1.

II

L'ŒUVRE *

I. Le précurseur *. — La chose importante est de bien expliquer le succès de cette mission.

Il fallait un concours de circonstances particulières, qui se rencontre rarement.

1° Un fonds de religion, de foi religieuse dans les masses.

2° Une lassitude de la corruption sociale et une aspiration prononcée vers la réforme des mœurs.

Ces deux conditions ne se trouvaient ni chez la plèbe romaine, ni dans les multitudes grecques. Les Romains et les Grecs furent gagnés au Christianisme par son côté théologique, mystique, plus que par son côté moral.

Les Juifs de Jérusalem étaient impropres à cette initiative, messianistes et zélateurs comme ils étaient tous, attendant la conquête et la richesse, avides de jouissance, pleins d'intolérance et d'orgueil.

La Gaule était divisée en deux partis ; le patriotisme druidique, qui attirait encore la plèbe, et le juste milieu bourgeois, rallié aux Romains.

L'Asie, l'Égypte, Tyr, Damas, tout était corrompu.

Il fallait une population qui, déjà monothéiste, comme les Juifs, ne fut pourtant pas autant infatuée que ceux-ci de Moïse, du Temple, du Messie, de David, et de la nationalité hébraïque.

Cette population fut celle de *Galilée*, composée en partie de familles fidèles à Jéhovah, mais qui, éloignées de Jérusalem, avaient une indépendance d'esprit, et une hauteur d'idées inconnues à Jérusalem.

3° Il fallait la monarchie universelle, l'oppression générale.

4° Un sentiment profond de misère, d'exploitation, chez les masses.

Jésus a été compris, ou pour mieux dire *senti*, de ces masses, pauvres, opprimées, exploitées, trompées ; il a été compris des peuples jusqu'à la Révolution française. De là, le succès des hérésies dont la plupart ne sont le plus souvent que des réclamations de la pauvreté et de la simplicité plébéiennes contre la tyrannie des grands, et de l'épiscopat.

Depuis la Révolution, Jésus n'est plus compris, au moins en France. J'ai vu dans ma famille, ma mère, mes tantes, etc., lire l'Évangile, et suivre, comme les saintes femmes, le prédicateur de Nazareth ; aujourd'hui le peuple ne comprend plus l'Évangile, et ne le lit point. Les miracles le font rire, le reste lui est étranger. Quant à la morale, son cœur ne la sent plus. La forme, le cadre, les conditions dans lesquels a paru le Christ ne conviennent plus.

Il faudrait au préalable expliquer au peuple l'Évangile ; pour cela, il faudrait que les prêtres eux-mêmes le comprissent.

Ce n'est point par des dogmes transcendants et sublimes, ni par des préceptes nouveaux et inconnus en morale que Jésus a réussi : ni la raison spéculative, ni la théorie des mœurs ne pouvaient rien.

Il fallait parler à l'âme de la multitude, l'échauffer fortement, l'embraser, la passionner ; il fallait pour cela entrer dans les mœurs et les idées du temps ; au lieu de maximes générales, et de théories, faire du particularisme, du positivisme, entraîner par le réalisme, l'à-propos, la force de vie, de raisonnement, la puissance de polémique, les imaginations, les intelligences et les cœurs.

Il fallait, dans la parole, unir l'audace, la franchise, l'ironie, les images, la grâce, l'amour, le dédain.

Il fallait attaquer de front, au risque de la vie, le monde, les jouissances, le sacerdoce, les sectes, les riches, la dissolution universelle.

Une fois le branle donné, le mouvement se communiquerait de lui-même, les âmes s'échaufferaient les unes les autres, la masse entrerait en fermentation, et le Christ mort agirait par sa parole recueillie et transmise, par l'idéal de sa personnalité sur les dernières générations.

Un homme de la masse, non un savant, ni un scribe, non un prêtre, ni un docteur, pouvait assumer un pareil rôle.

A plus forte raison un prince, un roi ne le pouvait pas : c'était retomber dans le messianisme ; et le messianisme, attendu par les Juifs comme la confiscation à leur profit de la conquête romaine, n'était au fond que le césarisme, la corruption même contre laquelle il fallait alors agir.

Ce n'est pas seulement l'Évangile, qui çà et là nous le révèle ; c'est la raison des choses, la loi du temps, la définition du principe et de l'objet révolutionnaire, qui nous révèle cette grande vérité, que Jésus fut un anti-christ.

Quel est son plan, son espérance ?

Il conçoit l'idée d'une *transformation des cultes*, effet de la conquête universelle des Romains et de la destruction des nationalités.

Il conçoit en même temps celle de l'*unité religieuse*, résultat de cette même conquête.

Il fait consister essentiellement cette révolution dans la réforme des *mœurs*, et s'occupe peu de théologies. — Ses dogmes sont :

1° *Unité de Dieu*, — Dieu conçu comme *père* et providence.

2° *Idée d'une vie future, peines et récompenses.*

3° *Culte* surtout *intérieur*, par suite, abolition du sacrifice, et offrande du pain et du vin en un repas fraternitaire, eucharistique. Tout ce qui commence est simple. Mais il y a ici lieu à *baptême*, prière, eucharistie, etc.

4° En revanche, sublimité des idées morales, puissance du sens moral.

5° En politique, il conçoit le projet de s'appuyer sur la protection des Romains eux-mêmes, et de s'en faire un bouclier contre l'intolérance et la fureur des prêtres juifs, des sectes, des puissants, d'Hérode, et des zélateurs.

Après une agitation de quelques mois dans la Galilée, il arrive à Jérusalem par le Jourdain et

Jéricho, et attaque de front l'influence, le bigotisme, et les superstitions des prêtres, qui l'accusent, non sans raison, de vouloir la destruction du Judaïsme. C'était là que les attendait Jésus. — Fort de la protection, ou seulement de la tolérance des Romains, entouré de l'approbation des masses, les Juifs ne lui pouvaient rien.

Il échoue par l'intrigue et la calomnie des prêtres, qui prennent énergiquement Pilate à partie, Pilate, concussionnaire, magistrat prévaricateur, et font condamner Jésus, comme perturbateur et *Messie*.

Une partie du peuple, pleine des idées moïsiaques est même facilement tournée contre Jésus ; c'est ce que démontre l'exemple du disciple Judas, qui, après avoir adhéré à Jésus, s'en sépare et le dénonce.

L'entreprise de Jésus échoue et le mouvement commencé par lui est brusquement *arrêté par la croyance en sa mort*. — Disons plutôt que Jésus vivant restant homme, l'idée allait être arrêtée. — Il fallait qu'il mourût, et devînt Dieu : ce qui était d'ailleurs inévitable.

II. Jésus fils de l'homme. — Strauss, selon moi, n'a pas saisi le vrai sens de ce nom, par lequel Jésus se désigne lui-même. Sa dissertation à ce sujet n'a fait qu'embrouiller la question. Suivant lui, cette désignation serait prise de Daniel[1], où le prophète raconte qu'il a vu, avec les quatre animaux, une *figure d'homme*, venant sur les nuées du ciel, etc. On attribuait ce passage au Messie.

Il paraît même que par ce nom *Fils de l'homme*, on entendait généralement le Messie attendu. — Cependant, dit Strauss, personne, dans le nouveau Testament, excepté Jésus et Étienne, ne se sert de cette expression.

Je pense que Jésus s'est servi du mot *Fils de l'homme* au sens de la Genèse[2], par opposition à celle de *Fils de Dieu* ; — précisément afin de marquer son *anti-messianisme*.

Strauss dit lui-même que Jésus attribue au *fils de l'homme* une destinée contradictoire à celle que le vulgaire avait du Messie. Donc, il se désigne lui-même comme anti-messie.

Cela ressort du passage de Mathieu[3], mal traduit par Strauss, xv, 1.

Que dit-on que je suis, moi ? — qui m'appelle

---

(1) Daniel, vii, 13.
(2) Genèse, vi, 2.
(3) Mathieu, xvi, 13.

le fils de l'homme? — Par où l'on voit que cette désignation est choisie par Jésus même.

Filius hominis, est aussi le nom par lequel Dieu interpelle les prophètes[1].

Ainsi, Jésus, par son propre témoignage, n'est ni *fils de Dieu*, ni *fils de David*; il est de la dernière classe du peuple, un *ben-Adam*, comme Amos, le meilleur des sycomores.

Comment Strauss n'a-t-il pas ici poussé son principe, jusqu'au bout, et compris que la *messianité* de Jésus est un produit de la légende ; que les Évangiles n'ont été écrits que pour l'établir ; que tous convergent vers ce point, et qu'ici l'*intention* des auteurs trahit leur *invention*.

Jésus n'a fait qu'une chose : Il a soutenu, avec Hillel, que le Messie est un mythe ; sur ce point, il a blâmé Jean, l'accusant d'adopter de *vieilles idées*, puis il a prêché la réforme, disant que tel était le vrai Messie, qu'il n'y en avait pas d'autres. Et lui mort, on a dit : Nous ne le comprenions pas, c'est lui qui était le *messie*. *Tunc aperti santis oculis eorum.*

III. Jésus fils de Dieu. — Lui-même, Jésus a

---

(1) Ezéchiel, II, 1.

pris soin d'expliquer en quel sens il le disait. Il est inutile d'y revenir.

N'oublions donc pas, une fois pour toutes, que ce que disent les Évangélistes n'est pas toujours, il s'en faut, ce qu'a dit Jésus ; que, souvent, ils le font parler autrement qu'il n'a parlé, et que cela seul est de lui, qui s'accorde avec le rôle qu'il s'est donné, et qui porte les signes inimitables de sa puissante individualité. Ne sommes-nous pas tous *enfants de Dieu et de l'Église ?*

Un Jésus *moraliste ;* un Jésus *Révolutionnaire,* par conséquent *anti-messie ;* un Jésus qui enflamme la multitude par ses discours, sa polémique, son ironie : il n'y a rien de plus. Et c'est bien assez.

Tout le reste est de l'invention postérieure des Évangélistes [1].

Un point à étudier, et qui n'est pas dans nos mœurs modernes, c'est l'*autorité* qu'assument d'emblée les *prophètes* ou ceux qui se donnent pour tels, voire les simples *rabbins* sur leurs auditeurs. Jésus parle comme précepteur et maître ; autant en faisait Jean, autant en avaient fait les prophètes. Quiconque était saisi de l'*Esprit de Dieu* parlait au public, non plus comme *de lui-même,*

---

(1) A relire tout Strauss. (Noter les choses importantes, répéter les erreurs et préparer le récit.)

mais comme inspiré. Ce que la conscience la plus exaltée, ce qu'un sentiment profond, un zèle de la justice à toute épreuve, et aussi éclairé que brûlant, pourrait à peine permettre, le prophète ou rabbin qui sentait en lui le feu sacré le faisait sans crainte, comme jouissant d'une prérogative reconnue — *Races de vipères*, dit Jean-Baptiste au peuple ; et Jésus est encore plus terrible. — Le premier *baptise*, le second chasse les vendeurs du temple. C'était admis par l'opinion, par les mœurs. Tout homme, saisi du zèle de la loi, pouvait en exercer les actes, devenait magistrat. Il s'exposait fort ; mais, sur le coup, on ne lui pouvait rien.

Appuyé sur la loi, tout homme devenait chef, il était invincible. Nous sommes loin de là ; Jean reproche à Hérode son adultère avec Hérodias, et Jésus accuse les prêtres, les Scribes, les Pharisiens : il est dans les limites du droit prophétique. Aussi, pour l'arrêter, on l'accuse de *blasphémer* lui-même !... On monte une intrigue... Un *Jésus* serait aujourd'hui impossible, même quand il ferait le sacrifice de sa vie.

IV. Jésus révolutionnaire. — En racontant la courte vie de cet homme prodigieux, il convient d'examiner la question de la légitimité de la protestation des novateurs de tous les temps, contre les mœurs et institutions de leur époque.

L'attaque aux lois, à l'autorité, à la hiérarchie, est l'acte le plus dangereux qui se puisse imaginer.

Toute initiative révolutionnaire est la plus redoutable des usurpations, le plus grand des *attentats*.

L'homme d'État ne se permet qu'avec terreur de changer le système du gouvernement et l'esprit des lois.

Il y procède dans le silence, le secret, avec lenteur, en s'entourant de toutes les précautions imaginables.

Il ne s'abandonne à la critique de l'ordre public qu'en ayant soin d'écarter le vulgaire, les profanes, dans le conseil intime du prince, portes closes, en multipliant les marques de respect, et redoublant de dévouement à l'ordre.

Comment donc admettre que le premier citoyen venu, étranger à l'administration, éloigné du sacerdoce, de l'armée, du pouvoir, destitué de toute autorité et commandement, un Socrate, un Jésus, le premier sans profession, le second artisan, s'ingèrent de critiquer tout haut, au milieu des foules, avec passion, amertume, tout ce que les hommes respectent.

Quid ? enfin, de la critique libre du gouvernement et de l'initiative révolutionnaire des tribuns?

Y a-t-il lieu de procéder à leur égard?

Quand et comment?

Pour nous, hommes de 89 et 93, la question est résolue, par la reconnaissance du droit de parler, d'écrire, de professer, d'enseigner, de s'assembler, de former des réunions et des associations.

Nos gouvernements doivent vivre dans ce milieu : se soumettre à ces conditions, subir les *inconvénients*. — En Angleterre, la chose publique n'en va que mieux... en apparence.

En France, en Europe, l'agitation, depuis soixante-douze ans, est perpétuelle.

Nous allons d'éclats en éclats, de catastrophes en catastrophes. — Il n'y a plus de respect, plus de société.

On peut dire que l'état révolutionnaire a commencé à la critique de Socrate et à la prédication de Jésus : depuis, pas un instant de repos.

Les gouvernements ont sévi contre les prédicants ; parfois il y a eu des moments de calme. — Maintes lois à Rome furent portées par les empereurs contre les philosophes ; mais toujours la dispute a recommencé, pour le malheur du genre humain, et la perte des États.

A peine Jésus mort, la dispute reprend plus

vive contre les Juifs, bientôt entre les apôtres eux-mêmes, puis entre les églises. — Viennent les *hérésies !* elles font couler des torrents de sang. — Séparation de Rome et de Constantinople, des Grecs et des Latins, contre le vœu du Christ même. On se raidit contre l'unité ecclésiastique et papale, le pacte de Charlemagne vague, indéterminé, jamais expliqué. Le Christ se décompose avant d'avoir pu s'affirmer authentiquement.

Il faut justifier Jésus, comme il s'est justifié lui-même.

Il a fait appel à la conscience ; sa réforme a été toute morale ; à cet égard, sa prédication est pleinement irréprochable. — Il subalternise à la conscience toute doctrine ; il en a le droit. — *A fructibus eorum.* Cette base sacrée, il ne l'ébranle jamais, il la fortifie sans cesse. — Pour le surplus, il se conforme à tout, il va au Temple, célèbre les fêtes, observe le Sabbat, prie, affirme l'existence de Dieu et l'Immortalité de l'âme ; se place au cœur des croyances reçues ; n'attaque que ce qui est manifestement de l'arbitraire humain, et inaugure cette *raison pratique* en commençant par les cas les plus simples, par les exemples les plus palpables, ne se pressant pas de dogmatiser, s'engageant le moins qu'il peut dans cette route, et insistant toujours sur la réforme morale, laissant au temps, au travail de la pensée des siècles le soin de poursuivre son œuvre, et d'en tirer contre la religion, elle-même, dans toutes ses formes, les dernières conséquences.

Ainsi entendu, Jésus est notre maître; il est le vrai chef et modèle de toute révolution. C'est un patron à suivre, sans reproche.

La réfutation de l'opinion messianique pourrait seule prêter à la critique. Elle déplaisait aux masses, elle décourageait la nation; elle amortissait le sentiment de nationalité qui la soutenait.

Mais une observation plus judicieuse et les événements prouvent que Jésus, à cet égard, a été sans reproche.

Les opinions sur le Messie étaient *indéfinies;* elles étaient libres. — Le sacerdoce les exploitait, sans s'y rallier. — L'interprétation les avait ruinées. — On ne savait pas s'il fallait entendre le Messie d'un chef temporel, ou d'une émanation divine. — Ceux qui penchaient pour la première opinion voyaient le messie, les uns dans Hérode, les autres dans Simon Maccabée, les autres dans César, comme Josèphe.

Laisser plus longtemps la multitude dans l'ignorance à ce sujet était une indignité, presque une trahison. C'était l'exciter à la révolte, et par suite au massacre.

L'idée de Jésus était bien plus glorieuse pour Israël. — Il s'agissait de conquérir l'empire du monde *par la foi ;* après viendraient aisément le pouvoir et le règne.

C'est ce que l'événement a démontré : la foi de Jésus a conquis le monde ; les empereurs se sont faits chrétiens ; et rien n'eût empêché que parmi eux il y eût des Juifs, si les Juifs eux-mêmes avaient eu la foi, s'ils ne s'étaient placés, par leur obstination messianique, hors la conscience du genre humain.

En effet, il y eut parmi les Empereurs, des hommes de toute nation : Espagnols, Gaulois, Pannoniens, Grecs, Africains, Syriens, Arabes. Israël seul s'est trouvé exclu.

L'inculpation intentée par les Juifs contre Jésus est donc purement spécieuse ; elle prouve leur propre déchéance, leur mauvaise foi, leur incapacité. Ils étaient bien finis. Le succès de la mission de Paul les accuse.

La condamnation de Jésus fut aussi absurde que celle de Socrate. Et si le premier fut véhément dans sa prédication, c'est qu'apparemment le mal était arrivé à sa dernière limite. Contre la politique du sacerdoce, les intrigues des pharisiens, etc., il n'y avait plus de ménagements à garder; ils égaraient, ils perdaient la nation. On le vit, à l'époque du siège, et, plus tard, à l'aventure de Barcochébal. Il fallait se hâter d'apporter un révulsif puissant, arracher le peuple à cette fatale influence.

Dix ans de cette prédication de Jésus, pendant laquelle il eût lui-même tranché le débat soulevé entre Pierre et Paul, évitant également le danger d'une apostasie absolue, et celui d'un dogmatisme effréné, double écueil créé par le génie maladif et intempérant de Saul, auraient amené la majorité du peuple à cette grande rénovation et créé en Judée une force bien autrement imposante que celle des *Zélateurs*.

Se figure-t-on ce qui serait advenu, si le Pontificat avait laissé faire, suivant de loin le mouvement, prêt à s'y rallier, à l'appuyer, au moment favorable ? — L'Empire, au bout de cinquante ans eût été enveloppé, et Rome fléchissait...

Le premier, Jésus se serait moqué des gnostiques, comme il faisait des scribes, des pharisiens, et de leurs *solutions*, de leur casuistique ; il aurait fait taire Paul, en le réduisant à l'absurde, et donnant la prépondérance à l'idée morale sur l'idée théologique, il aurait enseigné la tolérance à Pierre, fait vivre ensemble dans la même église, circoncis et incirconcis, en laissant les uns se circoncire par respect de leurs aïeux et en souvenir de Moïse, et n'y obligeant pas les autres ; il aurait ainsi tout relevé, tout ennobli, mais sans rien consacrer, ni prononcer d'exclusion. — Il n'aurait fulminé d'anathème que contre les orgueilleux, les dogmatiseurs, les intolérants, insistant, à chaque question nouvelle, avec un surcroît d'énergie sur la loi morale, sur la Justice, et à chaque fois remportant un nouveau triomphe.

Ce fut donc un grand malheur que cette disparition si prompte de Jésus.

V. Jésus réformateur. — Jésus, si sa prédication eût été appuyée, eût sauvé les Juifs de leur ruine, et empêché le désastre de l'an 69.

Jésus aurait opéré la réconciliation des nationalités et la concorde des religions, par son dogme de la justice, et de la supériorité de la morale sur la foi. Il aurait dit à Paul, et à ses pareils : A quoi bon cette scission éclatante ? pourquoi cette injure à la loi de Moïse, à la religion d'Israël ? pourquoi cette apostasie de nos pères ? — Je suis de la synagogue juive, et j'aime les Samaritains mes compatriotes. Je vais à Jérusalem, et je ne leur en veux pas d'aller à Garizim ; j'observe le Sabbat, et je ne condamne pas le Gentil, honnête homme, qui l'enfreint ; je suis circoncis, et je mange avec les incirconcis.

Agissez selon la pudeur et la Justice, en toute simplicité de cœur et droite intention, et croyez ce que votre cœur vous suggérera. Tant que votre foi n'aura rien de contraire aux préceptes que je vous prêche, et qui sont ceux de la conscience, le vrai Verbe de Dieu, vous pouvez regarder votre foi comme innocente ; dès lors, au contraire que votre croyance vous induit à l'impudicité, à l'ivrognerie, à la paresse, au vol, à l'orgueil, elle vient du démon.

L'Esprit-Saint sait parler à chacun sa langue : on reconnaît que c'est lui qui parle, à la charité, à la chasteté, et au zèle du travail et de la justice qu'il inspire. Le diable aussi, sait prendre tous les masques, mais on le reconnaît à ses œuvres, qui sont le contraire de celles de l'Esprit-Saint.

Comment, m'objectera-t-on, accordes-tu que le Saint-Esprit dise une chose au Juif, une autre au Samaritain, une autre au Grec, une autre au Persan, une autre à l'Égyptien, une autre au Barbare ? Je réponds que l'Esprit-Saint, qui parle à tous les hommes, leur dit une seule et même chose, qui est la loi ; mais qu'il parle par figures différentes, et que c'est là le mystère de la Divinité.

Dieu notre père a fait les hommes différents, il leur a appris des langues différentes ; il leur a donné des pays et des usages différents. Pourquoi ? C'est le mystère du créateur, le secret de sa divinité. Niez-vous cette diversité des langues, des tempéraments, des usages et des races ?

Mais je dis qu'il nous commande à tous un même amour, une même justice, une même sainteté.

Suivez donc mon exemple, de moi, qui suis juif, et qui appelle à la régénération tous les hommes de quelque race et religion qu'ils soient, qui les baptise dans l'eau et dans le Saint-Esprit, et qui ne leur impose d'autre renonciation que celle des usages visiblement immoraux.

Est-ce une chose contraire à la pudeur et à la charité que la circoncision ? Non. Pourquoi donc renoncerais-je à la circoncision de mes pères, peut-être utile à la santé du corps ?

Est-ce un péché, en soi, que de célébrer le septième jour ? Non. Pourquoi donc effacerais-je ce souvenir de l'histoire d'Israël ? C'est par le Sabbat qu'a commencé la première émancipation.

Est-ce une impiété si je m'abstiens de la chair de porc ? Non. Pourquoi donc rougirais-je de cette abstinence, surtout si elle a pour objet de prévenir la lèpre ? Le porc est mauvais en Syrie et en Égypte ; peut-être est-il bon chez les hyperboréens. Les sages de l'Inde, quelques-uns des Grecs, s'abstiennent de toute chair. Ils ont leurs raisons ; pourquoi ne m'abstiendrais-je pas de certaine chair, moi qui en ai d'aussi bonnes ?

Ah ! je vous le dis et je vous l'affirme, soyez sobres de toutes viandes, si vous êtes soigneux de cultiver en vous la douceur, la pureté et la sobriété, si vous tenez à développer en vous la vie de l'esprit.

VI. Jésus justicier. — Jésus se fût abstenu de toute théorie politique ; il n'aurait parlé ni de nationalité, bien qu'on en parlât fort de son temps, ni de démocratie, ni de théocratie, ni de monarchie. Il aurait suivi dans cette sphère, son même principe : observez la justice et organisez-vous comme votre cœur vous le suggérera.

Si votre pensée démocratique vous rend injustes, conquérants, brouillons, elle est mauvaise.

Et si votre système de monarchie ou d'aristocratie vous rend avides, ambitieux, hautains, corrompus, méprisants pour vos inférieurs, il est mauvais aussi, il vient du diable.

Est-ce un péché, si j'obéis à Hérode, à Pilate, ou

au grand prêtre? Non. Je respecte donc Hérode quand je suis en Galilée ; je me soumets à Pilate quand j'entre en Judée; j'obéis au souverain pontife sur tous les points où s'étend son autorité.

Mais si Hérode, Pilate ou Caïphe me commandaient contre la conscience, alors je dirais que je ne puis obéir, car il vaut mieux obéir à Dieu qu'aux hommes, et nous savons tous que les puissances sont établies pour nous faire observer la loi de conscience, qui est la loi même de Dieu. Ne vous révoltez donc jamais contre les puissances ; que si, par malheur, elles vous commandaient quelque chose d'évidemment injuste, répondez simplement, comme Jean à Hérode : *cela n'est pas permis.*

A la doctrine de Paul sur la grâce, demandant si c'est Dieu ou non, qui produit en nous le vouloir et le faire, il aurait répondu : Pourquoi me tentes-tu, astucieusement, toi qui ne sais rien ni de Dieu ni de l'homme? Connais-tu s'il y a une séparation entre le créateur et la créature ? Sais-tu le lien qui les unit ? Le peux-tu dire? De quoi te mêles-tu donc de dogmatiser? Je te répondrai, moi, que tout ce qui se fait et se pense de bon en l'homme vient de Dieu, et qu'il dépend de l'homme de le penser et de le faire ; que tout ce qui se fait et se pense de mal en l'homme vient du démon et qu'il dépend aussi de l'homme de le vouloir et de le faire. Mais comment il dépend de l'homme de vouloir et faire ce que Dieu veut et fait en lui, ou comment Dieu et le démon veulent et font alternativement certaines choses, là est le secret de la science et de la toute-puissance divine, qu'il n'est donné ni à toi ni à moi de révéler.

Tu n'as pas le droit de nier la conscience, qui est Dieu, parce que l'homme ne t'écoute pas toujours.

Et tu n'as pas non plus le droit de nier la liberté, parce que Dieu produit en nous le vouloir et le faire.

Je te le dis et prédis : quand tu auras disputé mille ans sur ces choses, tu n'auras rien appris à tes frères, tu ne seras pas devenu toi-même plus sage, et tu n'auras fait que troubler les simples et montrer ta sophistique. Tu te crois habile, et tu n'as en toi qu'un esprit de subtilité, dont tu ne saurais seulement dire s'il est ange ou démon.

Cette morale de Jésus n'eût empêché aucune hypothèse de théologie de se produire. Toutes les doctrines seraient arrivées, auraient partagé le monde, allant quelquefois jusqu'à l'agitation et l'émeute ; mais tout se serait apaisé devant le principe de tolérance qui aurait été celui du gouvernement ; Arius et Athanase, Pélage et Augustin auraient été forcés de vivre ensemble ; et l'animadversion n'eût atteint que celui qui, renversant la doctrine de Jésus, aurait prétendu établir la morale et la justice sur un dogme !...

C'est, en définitive ce qui est arrivé ; mais tandis que la morale, grâce au dogmatisme apostolique et canonique, a dû se dégager péniblement de la théologie, et la renverser elle-même, elle aurait régné dès le commencement, tolérante pour toutes les doctrines, précisément parce qu'elle entendait ne s'appuyer sur aucune.

VII. Conclusions. — On a fait des livres pour exposer la morale des anciens païens[1] et prouver qu'ils ont su tout ce qu'a dit Jésus, quelquefois mieux.

Là n'est pas la question.

Les anciens philosophes ont su, comme dit l'Apôtre ; mais ils n'ont rien *fait*.

Ils sont demeurés dans la spéculation ; ils ne sont pas entrés dans l'action.

Le anciens philosophes sont à Jésus ce que les rhéteurs et humanistes sont à Homère, Pindare, Hérodote, Démosthène.

Ils posent des *préceptes*; ils ne produisent pas

---

[1] M. Demogeot.

d'œuvre. Ils n'apprennent seulement pas à en produire.

C'est autre chose, de ces hommes propulseurs, initiateurs, révolutionnaires, Jean et Jésus.

Expression et organe des temps, interprètes de la pensée des masses, tribuns de la justice, chefs de la réaction de la vertu contre la dissolution, leur mission est bien moins dans les préceptes que dans l'action ; et c'est un rôle bien différent d'être un professeur d'école et un propagandiste populaire.

Jean, Jésus ; après eux, Pierre, Jean, Jacques, Etienne, Barnabé, Paul et leurs successeurs, les Polycarpe, les Ignace, les Justin, les Hermás, les Tertullien, les Marcion, etc., etc., sont des hommes de vertu et d'action, en guerre ouverte avec la corruption de leur époque, les Garibaldi de la morale ; à la fois *docteurs, apôtres, tribuns* et *martyrs*.

III

LA DOCTRINE

Le système mythique ou légendaire de Strauss est radicalement faux.

Jésus est un anti-messianiste; ce n'est que par métaphore qu'il se dit *Christ*.

Le but des quatre Évangiles est de prouver qu'il est le Christ.

A cette fin, on accumule les témoignages de l'Ancien Testament; on arrange les faits de sa vie, de sa prédication, de sa passion, et de sa résurrection. Tout cela est calculé, prémédité, réfléchi, nullement spontané, quoique au fond, de bonne foi!

Il fallait que le Messie fût plus qu'une idée, plus qu'une doctrine; il fallait qu'il fût *un homme*. C'est la pression de l'opinion populaire, c'est le vœu des masses, qui a obligé d'écrire la vie de Jésus telle qu'elle est.

Un laps de temps a été nécessaire pour cela...

L'époque de la rédaction des trois premiers Évangiles est au moins de *cinquante ans* après la mort du Christ. Elle est postérieure même à la mort des Apôtres. Le quatrième, qui est peut-être, sous certains rapports, le plus original, porte des traces de sénilité, et est de la fin du premier siècle.

L'ÉGLISE, la vocation, n'était pas formée du temps de Jésus, il n'a pu en parler, comme il fait.

Jésus était-il *communiste ?* C'est plus que douteux ; son enseignement n'allait pas jusque-là. Paul n'est déjà plus communiste, ou ne l'est pas encore. Le communisme dans l'Église paraît adventice, postérieur à Jésus.

Jésus est avant tout, énergiquement, excellemment MORALISTE ; il respecte la *loi*, mais dans le sens large et à la manière des prophètes ; il ne théologise pas, il a pour adversaires immédiats les Pharisiens, les Sadducéens, la bureaucratie (Scribes ou police), les prêtres ; tous hypocrites, exploiteurs de la plèbe, usuriers, adultères, intrigants, machiavélistes, faux patriotes.

Est-il *millénaire ?* Je ne le crois pas. Son antimessianisme s'y oppose. Lui qui n'admet pas le Messie, comment serait-il millénaire ?

Sa réforme est donc toute *religieuse, morale, sociale*.

Il a foi en Dieu, *Père*, et à l'immortalité des âmes.

Il ne croit guère à l'efficacité des sacrifices sanglants ; il enseigne celui des passions ;

Il a une haute opinion de la vie modeste, frugale, pauvre ; à un siècle où la cupidité était surexcitée par la fureur des jouissances, il enseigne l'*aumône* et la tempérance, la pauvreté de cœur, l'esprit de pauvreté, qui rend l'homme riche et heureux ;

Il prêche le respect de l'homme et l'amour du prochain ;

Il n'attaque pas l'État, ni le gouvernement ; il enseigne, toujours d'après son même principe de vie modeste, de liberté intérieure, à ne pas rechercher les emplois, ni les commandements, à se rendre grand à ses propres yeux par la vertu, la pureté, le travail, l'amour. Là, dit-il, est le bonheur.

Tout cela est immense, sublime, infini.

Deux parties donc, dans l'histoire de Jésus-Christ.

1° Sa vie effective ;

2° Son apothéose, ou Messianose.

Comme homme, simple réformateur, Jésus est d'une grandeur colossale, il dépasse positivement de cent coudées, Confucius, Socrate, Moïse, et tous les anciens, tels que Orphée, etc.

Trop grand comme homme, et trop petit en même temps, on a dénaturé sa figure en le faisant *Christ, logos, homme-Dieu*, etc., etc.

I. — 1° Description de l'état moral, social, religieux, économique, politique, des nations sous Auguste et Tibère. Résumé historique; tableau politique. Attente universelle.

2° Etat particulier des Juifs. Seule nation qui fut monothéiste, qui connut le *vrai Dieu*. Ils se croient pour cela appelés à la domination du monde. Superstition furieuse des Messianistes et zélateurs.

Corruption profonde des hautes classes, rien à espérer d'elles. Illusions populaires.

Le monde malade, Jésus n'a pu penser qu'à la réforme morale et religieuse.

3° Idée d'une famille Israélite vivant, en Samarie, ayant conservé la foi en Jéhovah, et la communion avec Jérusalem; mais affranchie par sa position, et par la séparation des provinces, de l'influence et de la tyrannie des Prêtres, et des Pharisiens.

4° Agitation des masses, sous les Maccabées, Hérode, etc. Les *messies*.

5° Mission de Jean. Il annonce le messianisme. Les *temps sont venus de changer d'Esprit...*

Popularité de cet homme. Les Évangiles, surtout le quatrième, s'attachent à prouver qu'il a reconnu Jésus, pour Christ. Il y a du vague dans cette mission de Jean, qui ne parle pas pour lui-même.

6° Entrée sur la scène de *Jésus*.

Précision de sa pensée. Son idée toute morale.

Sa Polémique victorieuse ; son ironie écrasante.

7° Agitation causée par la mission de Jésus, qui est *Christ* et pas Christ, qui enlève les masses par sa parole, ses discours, sa doctrine et qui les désespère, par sa théorie toute métaphysique du messianisme.

8° *Jésus thaumaturge et prédiseur*. — Comparaison avec Apollonius de Thyane, Simon le Magicien, etc. Il est autant opposé aux miracles qu'à l'idée du Messie-roi. Mais on veut qu'il fasse des miracles, et on lui en fera faire, même de son vivant, et malgré lui.

9° Cela dure jusqu'à son arrestation. *Chronologie* de Jésus, an 28-29 ; ses marches et contre-marches, en Galilée, Samarie, au delà du Jourdain, à Jérusalem.

L'incertitude du peuple, partagé sur son compte, subsistera jusqu'au jour où un *messie-roi* l'aura substitué, le *Messie Verbe* et propitiateur.

Ici, le côté vraiment dramatique, tragique, de la vie de Jésus. Jamais homme, dit-on, n'a parlé comme cet homme. Il convainc, renverse, subjugue ; il n'aurait qu'à dire : *C'est moi !* et il ne le veut pas :

Regnum meum non est de hoc mundo !

10° Comment il donne prise au sacerdoce, quoique inoffensif, jusqu'à certain point, pour Rome.

Accusé calomnieusement auprès de Pilate de se faire *Messie-roi*, et secrètement voué au supplice, précisément parce qu'il renie le Christ, et détruit, avec la dernière espérance d'Israël, le principe du pouvoir pharisaïque et sacerdotal.

11° Pilate placé entre la menace d'une accusation et la condamnation d'un innocent. Explication de sa politique.

La mission de Jésus devait lui plaire de même que, plus tard, celle de Paul, sous Néron ; toutefois, il est sacrifié comme *blasphémateur de la loi*, chose sur laquelle Pilate devait s'en rapporter aux Juifs, et *agitateur*.

La politique est toujours à *double-face*.

12° L'idée de Jésus ne peut pas périr. Son messianisme est plus fort que les hommes.

La mort du maître, la dispersion des disciples, ne produisent qu'un court temps de silence.

Seulement, la mission se continuera sur d'autres données. Jésus n'étant plus là, on fera de sa personne ce que l'on voudra ; il ne gênera plus.

Les détails de la mort et de l'enterrement sont de nature à faire soupçonner une *feinte* ; tout au moins, une soustraction du patient non expiré, et une prolongation de sa vie pendant un temps inconnu. Comme on n'était pas difficile, on a pu prendre cela pour une *résurrection*, laquelle aurait été suivie bientôt d'une disparition complète selon les idées attachées à la fin des hommes célèbres.

II. — Actes des Apôtres, constitution de l'Église, conciliations dogmatiques ; l'épiscopat, le communisme ; les écritures nouvelles : *Évangiles*, *Épîtres*, *Actes*, *Apocalypse*, etc. Jésus, *Messie*, *Logos*, et finalement *Dieu*.

Pierre, Paul, Jacques, Jean ; Jérusalem et Rome ; les Juifs et les Gentils ; la gnose ; les spirituels ou spiritésie et les psychiques.

L'histoire de Jésus et des premiers instants du christianisme est un problème que la critique est loin encore d'avoir expliqué. Quand on a rejeté les prophéties, les miracles, les apparitions, étalé la contradiction des historiens, invoqué le mythe, la superstition, etc., on a épaissi les ténèbres, on n'a pas produit une étincelle de lumière. Le fondateur reste toujours inconnu ; or, autant il est certain que le christianisme est un produit de l'âme humaine, collective et universelle, autant il l'est qu'en toute production de l'humanité, morale ou matérielle, politique ou religieuse, l'initiative individuelle est indispensable.

Il y a toujours, et nécessairement, une ou plusieurs individualités, dont l'action, successive ou commune, détermine, dirige le mouvement. Point d'état sans prince, point d'armée sans général, point d'église sans prêtre, point de philosophie sans un philosophe, point d'enseignement sans un maître, point de lois sans législateur, point de justice sans magistrat.

On commence aujourd'hui à savoir assez bien ce que fut, ce qu'est le christianisme. Mais qu'est-ce que son fondateur, Jésus ? A cet égard, rien, absolument rien.

Jésus est une individualité à retrouver, à restituer, à refaire presque, tant il a été dissous, pulvérisé par la religion même dont il a été l'auteur.

Rétablir cette grande figure, dans sa vérité humaine, et dans la réalité de son œuvre, est aujourd'hui un travail de première nécessité. Et le moment approche où Jésus, ainsi représenté au public, obtiendra un succès égal à celui qu'il eut il y a 1830 ans dans les campagnes de la Galilée.

Or, Jésus dépouillé de ses miracles, de sa messianité, de sa divinité, de tout ce prestige surnaturel, ramené à la vérité de sa nature, à sa pure individualité, devient un homme *prodigieux*.

Sa carrière publique est à peine d'un an ; tout ce qui la précède est inconnu, mais, heureusement, *n'a pas besoin d'être connu*. De sa vie privée, de son caractère, de son individualité, même pendant sa mission, on ne sait rien, que juste ce qu'il faut pour constater que ce Jésus fut très positivement un homme, non un Dieu, ni un fantôme ; non une création de la légende, une ombre.

Ce qu'on sait ensuite, non complètement, mais suffisamment, c'est son œuvre, œuvre à la fois humanitaire et individuelle ; et c'est ici que se manifeste la grandeur immense du sujet.

Quel est le moraliste qui, prêchant des vérités universelles, n'a disparu sous ces vérités ?

Quel est celui qui a su marquer à la fois, à un tel degré, la vérité annoncée, du sceau de son individualité ? Je n'en connais pas, ni parmi les anciens ni parmi les modernes.

Poètes, orateurs, historiens, philosophes, artistes,

guerriers, je trouve toujours l'homme plus ou moins effacé, amoindri, par les choses qu'il exprime.

Il est bien rare que chez l'homme, la puissance de l'individu soit adéquate à la grandeur de la vérité annoncée. Tantôt l'individualité de l'écrivain rapetisse l'idée, tantôt c'est l'idée qui rapetisse l'écrivain. Ici, nous trouvons les deux éléments en équation, et ce qui est unique, l'idée est la plus grande qui se soit jamais produite, celle du renouvellement moral de la société.

Bossuet = Condé : les deux se valent. Mais de quoi s'agit-il ? de célébrer un homme de guerre, qui certes a eu bien des égaux. Car, en accordant à Condé le premier rang parmi les capitaines, on doit convenir qu'il a au moins pour émules : Alexandre, Annibal, Scipion, César, Frédéric II, Gustave Adolphe, Turenne.

Mais, qu'est-ce que l'oraison funèbre de Condé, en présence de l'œuvre *messianique ?*

Le même Bossuet a fait un tableau de l'histoire universelle. A-t-il égalé son sujet ?

Certes, non ; il en est à cent lieues ; il n'a pas franchi la centième partie de la hauteur. Il a étonné les lecteurs de son temps, mais combien aujourd'hui son discours nous paraît petit.

Racine a fait des tragédies splendides ; dans *Britannicus*, *Phèdre*, *Athalie*, il est adéquat à son sujet.

Il a transporté fort heureusement dans notre langue poétique les beautés de la Bible, des Grecs et des Latins. Mais qu'est-ce qu'une translation d'idées d'une langue dans une autre, auprès de la rénovation sociale ? Qu'est-ce que l'idée fondamentale de Britannicus, Phèdre, ou Athalie, auprès de la tragédie religieuse commencée par Jésus ?

Homère adéquat à son sujet ; la victoire de l'Europe sur l'Asie, la nationalité grecque, la confédération des Hellènes. Mais qu'est-ce que cela auprès de l'unité humanitaire à fonder ?

Virgile a entrepris de chanter le nouvel ordre de choses, le règne messianique. Il est resté au-dessous de son idée, bien que, comme poète, comme artiste, il soit égal, au moins, à Homère.

Phidias adéquat, par son ciseau, à l'idée de Jupiter et Minerve. Mais qu'est-ce que la religion de Jupiter et Minerve devant la religion du Christ ?

Mais, voici qui double l'admiration, ce n'est pas seulement par la *parole* que Jésus se trouve au niveau de son idée ; c'est par sa vie. Montrez-moi donc le moraliste qui puisse en dire autant ?

Socrate : son idée est bien loin de la hauteur de celle de Jésus.

Quant à son style, à son discours, autant qu'il est permis de l'entrevoir à travers les discordes de Platon, est-ce qu'il n'est pas *sophiste*, autant que ceux qu'il réfute ; est-ce qu'il a la simplicité, la force, la pénétration de l'idée morale ? Sa vie et ses discours sont d'un sage ; mais d'un sage à la taille commune, et dont il ne semble pas que nous ne puissions approcher.

Jésus est plus haut que Socrate ; et comme son idée n'eut ni n'aura jamais d'égale, je n'hésite point à dire que son individualité est *sans égale ;* son génie, son *verbe*, sans égal.

Cela ne pouvait se rencontrer deux fois dans l'histoire de l'humanité.

Et s'il se trouvait un individu capable de réaliser en soi, par la conscience et par le verbe, une idée si haute, je dirais que cette réalisation ne pouvait être de longue durée ; ni l'individu n'eût pu soutenir longtemps un pareil rôle, ni les contemporains ; la société constituée ne l'eût pu porter.

La brièveté de la carrière de Jésus, sa mort brusque, l'écrasement qui la suit, sont la conséquence naturelle du phénomène qui se manifestait en sa personne.

Mais, tout homme est faible. Tout homme doit fléchir par quelque endroit. Le chêne le plus fort, le bâtiment le plus solide, avec le temps, et attaqués par une force suffisante, se briseront et s'écrouleront, comme le roseau, comme la fourmilière.

Il n'est puissance qui ne puisse être vaincue par une autre.

Par où donc Jésus a-t-il fléchi ?

Par où il devait fléchir. Cet homme était trop haut ; il allait trop vite et trop loin ; il creusait trop avant, trop bas, pour être compris, suivi, et n'être pas tout d'abord brisé.

Jésus vit son œuvre détruite en sa personne ; — il la crut perdue ; — il tomba dans la désespérance et la désolation.

A Gethsemani, sur la croix, sa douleur répond à la tristesse de toute la vie ; son découragement, son abandon, est immense.

C'est pourquoi la mort de Jésus a été la plus douloureuse des morts, non par le supplice, qui ici n'est qu'une chose secondaire ; mais par le brisement de l'âme.

La mort de Socrate est belle. Mais elle est entourée de toutes les consolations, de toutes les espérances ; il laisse Platon, une école formée ; il a achevé son œuvre ; il a soixante-dix ans ; il meurt plein de jours.

IV

LE MERVEILLEUX ET LA LÉGENDE*

1° Il était dit, admis, cru, sous-entendu, que le Messie devait opérer des miracles.

Cela suffisait pour que Jésus, déclaré Messie après sa mort, fut supposé en avoir fait.

2° Ces miracles sont déterminés d'avance par l'opinion : expulsion de démons, guérison de malades, boiteux, manchots, paralytiques, sourds, aveugles, résurrection de morts, etc. Les miracles de Jésus étaient donc tout faits ; il n'eût su en faire d'autres. Ajoutons les exemples de l'ancien testament.

3° Il y a plus ; tout le monde, pour ainsi dire, faisait des miracles : les Pharisiens, les Juifs, les rabbins, les prêtres ; tout le monde conjurait au nom de Jéhovah, magnétisait, *imposait les mains*, communiquait avec les esprits. — Comment Jésus se fût-il abstenu de ces pratiques ? Et s'il y a réussi, pour son compte, aussi bien que tant d'autres, comment n'aurait-il pas été, par la suite, traité de thaumaturge ?

4° Ce qui eût été vraiment merveilleux, c'est qu'il ne fît pas de miracles ; or il y a précisément une tendance prononcée chez lui et ses disciples à n'en pas faire.

Il se moque des Pharisiens et de leurs signes, comme de la plus infernale superstition.

5° Jean ne raconte aucun fait d'*expulsion démoniaque*.

La tendance purement *morale* de l'évangile s'accuse dans la dispute entre *Pierre* et *Paul*.

6° Strauss, à propos des guérisons de Jésus, donne dans un rationalisme qui ne vaut pas mieux que celui que Paul eut. Il les attribue en partie au magnétisme animal. C'est être inconséquent avec le principe de la critique

Pas n'est besoin de recourir à ces explications.

Jésus évangélisant le peuple, prêchant la charité et ses œuvres, devait en produire les actes, et en donner les exemples.

Or, quel plus grand acte de charité que *la visite des malades ?*

Qu'on se figure ces campagnes de Galilée bien

autrement dépourvues que les nôtres, sans médicaments, sans médecins, sans chirurgiens — chacun se traitant soi-même, d'après des recettes empiriques, etc.

N'est-il pas tout simple que Jésus ait possédé quelques principes, soit d'hygiène, soit de médication? En faut-il tant d'ailleurs, pour venir au secours de ceux qui souffrent? De bonnes paroles, quelques conseils utiles, quelques prescriptions de propreté, de diète, de tisanes, etc., de régime, quelques simples, quelques topiques, n'est-ce pas tout ce qu'il fallait?

Que Jésus mêlât à ses soulagements, des paroles de foi, et des conseils de morale, il n'y a pas de doute. L'institution du sacrement de l'extrême-onction le prouve [1].

Voilà le fond historique des guérisons de Jésus. — Le *magnétisme* n'y est de rien du tout et répugne. — Je ne voudrais pas jurer que dans les visites de Jésus, il ne se soit produit des effets de magnétisme. Mais il est inutile de chercher là dedans l'explication de la légende [2].

---

(1) Epître de Jacques.

(2) Toute la partie relative aux guérisons est traitée à faux dans Strauss.

Est-il permis de visiter les malades un jour de sabbat? Ce qui importe, c'est la question :

Est-il permis de les guérir ?

Les guérisons de Jésus étaient œuvres de charité, transformées en miracles. — *Transiit bene-faciendo*.

Jésus est amené dans sa carrière ; il a des antécédents dans l'histoire, sa mission est motivée par les circonstances. — Il est de son temps. Il faut cela, pour qu'il soit homme ; son idée même n'est pas exclusivement de lui, bien qu'elle devance son siècle. Il n'aurait pu l'exprimer avec tant de force, la servir d'une façon aussi puissante, s'il *avait dû l'élaborer*.

Mission de Jean : esprit indécis, plein de feu, mais prophète mal renseigné, qui ne sait au juste où il va ; qui ne saisit qu'une fraction de la vérité.

Jésus le continue, le complète, le rectifie, lui fait justice exacte, en rendant hommage à sa vertu, à son caractère, et à son œuvre, mais en blâmant sa vue fausse.

Jésus a pris l'idée de Hillel..... Malgré cette autorité, et bien d'autres, malgré la série dans laquelle il se place, comme continuateur et redresseur de Jean, il dépasse ses contemporains ; non qu'il vienne trop tôt, que son entreprise soit prématurée, mais parce que toute idée, au moment où elle se présente, bien que préparée, mûrie, opportune, est en avance sur la *multitude* des esprits.

L'idée de Jésus, et son individualité, répondent au besoin collectif, à la pensée collective ; mais la pensée collective n'est pas devenue celle de chacun ; et c'est pourquoi le réformateur, adéquat à la pensée générale, n'est compris de *personne*.

Ici, nous retrouvons l'application de notre principe ; il n'y avait pas un individu, à l'époque de Jésus, dont l'intelligence fût en mesure de saisir la pensée réformatrice dans son étendue, bien loin que cet individu pût être adéquat à cette pensée par le *Verbe* et le caractère.

M. Renan, philologue et érudit, a fait un ouvrage de pure imagination. En cela, il a suivi ses habitudes. Je ferai un travail de pure exégèse, moi, plutôt homme de lettres que grammairien et point orientaliste.

1° Jésus a prêché publiquement de l'an 28 à l'an 29 de notre ère.

2° Il a pris le baptême de Jean, comme une sorte d'initiation ; mais il ne l'a point suivi ; il s'est au contraire moqué de sa foi au Messie.

3° Il y a dans les Évangiles : 1° des indices suffisants pour recomposer l'ensemble de la carrière de

Jésus, depuis le jour où il quitte la Galilée pour aller recevoir le baptême jusqu'à sa mort; 2° des *dits*, dont la personnalité et l'originalité sont tels qu'on peut affirmer qu'ils sont de lui.

4° Il n'a pas pu penser et dire de lui-même; il n'a pensé ni dit de lui-même qu'il fut le Messie attendu par les Juifs.

5° Ce qui est sorti de sa prédication est en réalité un *anti-messianisme*, et tout dénote que Jésus a eu la conscience de cette opposition, qu'il l'a voulue, affirmée et poursuivie.

6° De même qu'il se séparait de la superstition messianique, il s'est séparé du mouvement politique de sa nation : ces deux tendances de Jésus, bien qu'elles n'eussent rien de contraire ni à la religion, ni aux lois, ni au patriotisme, sont ce qui a rendu Jésus odieux au judaïsme, et qui a soulevé contre lui la calomnie.

7° La doctrine propre de Jésus, son œuvre, a été une forte secousse imprimée aux âmes, dans le but de produire une double restauration de la religion par son union avec la morale, et de la morale par son union avec la religion. Cette double restauration devait être suivie immédiatement des plus hautes conséquences *sociales*; et ultérieurement des conséquences non moins grandes en politique.

8° La restauration morale et religieuse de Jésus se définit surtout par la notion d'un *Dieu bon et juste, père de tous les hommes, qu'il gouverne comme ses enfants ;* par la loi de *charité*, base, dans le système de Jésus, de toute justice ; par les exercices de la vie *ascétique* et mortifiée, la pratique du détachement et de la *pénitence,* en un mot, l'exemption du péché ou la pureté. Cette pureté n'est pas la même chose que la religion pure, le sentiment pur, l'idéal pur de M. Renan. Ce n'est pas la même chose non plus que l'innocence : c'est la *Vertu*.

9° Jésus a eu la prévision de l'unité religieuse, mais il s'est attaché de préférence à la conversion du peuple juif. Sans compter la raison du patriotisme, il pensait et il devait penser qu'il trouverait de ce côté plus d'élan. La suite a prouvé qu'en effet, à part de rares individualités, les peuples païens, au temps où il vivait, n'étaient pas mûrs. — Les variations des Évangiles, au sujet de cette pensée de Jésus, viennent de ce qu'ils n'ont pas toujours pénétré les raisons de sa conduite.

10° L'assimilation de la doctrine de Jésus au messianisme judaïque fut d'abord une calomnie du sacerdoce, qui était le plus empressé à faire arrêter les *Messies*, tout en entretenant cette opinion dans le peuple.

Puis ce fut une métaphore ou antithèse employée par Jésus lui-même.

Puis, quand les affaires de la Judée eurent été complètement détruites, ce fut, de la part des apôtres, inspiré probablement par Jésus, une sorte de travestissement du temporel au spirituel, et par suite une usurpation de titre.

Puis, enfin, ce fut une affirmation théologique.

11° Jésus a été supplicié, le vendredi 23 mars an 29, calomnieusement, comme *blasphémateur* et *agitateur*; il n'était ni l'un ni l'autre. M. Renan a eu tort de dire que sa condamnation était légale. Rien dans sa prédication n'était susceptible d'accusation. La haine des prêtres, des pharisiens et des scribes, qu'il dépopularisait, a fait tout son crime. — Pilate le savait.

12° Jésus a été vu par ses disciples après sa passion : ce fait est aussi bien attesté qu'aucun autre de toute sa carrière.

13° Donc Jésus n'est pas mort sur la croix (présomption d'après le récit même).

14° Donc, il a pu reprendre secrètement son œuvre.

15° Sans cette reprise du maître, la recrudescence de la secte d'une doctrine incomprise, déshonorée, sans monuments, sans organes, est inexplicable. Les faits postérieurs, de l'an 29 à l'an 70, seraient sans cause.

16° La conservation des *dits* de Jésus, de sa doctrine, en autres termes de son *Évangile*, n'aurait pas eu lieu, d'autant que les disciples, de leur aveu, jusqu'à la Passion, ne l'avaient point compris et que plus tard ils eurent encore beaucoup de peine à le comprendre. Une preuve, c'est qu'ils l'ont pris définitivement pour un Christ expiatoire, ce qui n'entre nullement dans le plan primitif.

17° Les divergences des évangiles décèlent un effort continuel à expliquer la pensée et la mission de Jésus ; on le fait fils de David, fils de l'homme, fils de Dieu, Messie, Verbe divin ; on lui trouve à la fin une généalogie, une naissance merveilleuse, etc.

18° Jésus *ressuscité*, comme on le dit par une métaphore admirative, se retira d'abord en Galilée ; où il se tint caché, se montrant rarement à ses plus intimes ; et à la fin, à l'exemple de Moïse, Hénoch, Elie, etc., s'éclipsant tout à fait. Toutefois son influence se fit sentir longtemps, quoique absent.

C'est lui qui releva la secte vers 34 ou 35, et essaya de nouveau d'agir sur le peuple de Jérusalem.

C'est lui qui choisit ensuite Antioche hors de la

portée des Juifs, pour centre d'opération. Cette position plaçait sous sa main toutes les synagogues répandues en Asie Mineure, etc. L'idée d'une rénovation morale y conduisait.

C'est lui qui donne le signal de la mission aux Gentils.

C'est lui qui, vers 46, fit prendre à ses disciples, à Antioche, le nom décisif de *Chrétiens*, signe de ralliement donné aux Juifs progressistes.

C'est lui qui, un peu plus tard, fit charger Paul de cet apostolat spécial : les autres étaient trop Juifs de cœur et de langue.

C'est lui qui suggéra aux chrétiens cette politique de paix, qui les préserva de l'entraînement à la guerre de Judée, et conduisit Paul, en 64, à en *appeler à César*[1].

Le moment de sa disparition définitive peut être placé vers 57, un peu avant le concile de Jérusalem, où éclata la division entre Pierre et Paul. Cette division eût sans doute été prévenue par lui, s'il avait été là[2].

19° *Quid* de cette division entre les deux premiers apôtres ?

(1) Qui sait si Jésus ne joua pas un rôle dans l'événement de Damas ?

(2) Suétone parle de lui comme s'il eût été vivant, à Rome sous

Rivalité de prérogatives, plutôt que différence de doctrine. Paul enseigne, comme Pierre, Jacques, Jean, la messianité de Jésus, au sens spirituel, non pas toutefois au sens de *logos*, mais de Messie victime et rédempteur. Comme eux, il enseigne la *résurrection*, le *Royaume de Dieu*, la *charité*, la *fuite du péché*, il observe le même rite, il professe les mêmes maximes ; comme eux enfin il est millénaire[1].

Ce qui distingue Paul, c'est qu'il est plus décisif en ce qui touche la circoncision et les Gentils ; il a banni à cet égard tout ménagement, tout respect humain ; ce qui prouve déjà qu'il fait plus de cas des cérémonies que Jésus lui-même, et que sous ce rapport, il lui est inférieur.

C'est en second lieu, qu'il sait mieux déduire, de la corruption païenne, et de la restauration morale et religieuse, commencée par Jésus, les dogmes du *péché originel*, de la *Rédemption* et de la *grâce*, qu'il outre encore, et dont l'ensemble forme le système de la FOI.

Paul, en un mot, bien plus que Jean, l'auteur de la doctrine *du verbe*, est avant tout théologien. La théologie est chez lui dominante. En cela, il

---

(1) Jésus l'était-il ? Cela me semble inadmissible.

rompt l'harmonie créée par Jean, qui avait *uni ex æquo*, la religion et la morale, et avait moins théologisé.

Sans doute la déduction de Paul était logique, inévitable ; mais d'abord, il eut tort et on eut tort de la prendre pour la partie essentielle du christianisme, tandis qu'elle n'en était qu'une queue ; ensuite, il eût été juste de déduire de même la partie morale, ce qui ne fut pas fait. Comme on se jetait dans les curiosités théologiques, on épilogua sur les préceptes de morale ; on inventa les *agapes*, puis les *hôpitaux*, puis l'inégalité, puis les couvents, puis les raffinements de dévotion, puis la féodalité elle-même.

La spéculation prit la place de la conscience.

20° La rédaction des Évangiles actuels, est postérieure à l'an 70 ; elle fait allusion aux mêmes mouvements que l'Apocalypse, tant en Italie qu'en Judée, et témoigne, sur la personne de Jésus, d'une action légendaire qui dès lors, après la disparition du maître et la mort des disciples, ne rencontrant plus d'obstacle, allait à la superstition la plus effrénée.

V

RÈGLES DE CRITIQUE

1. — Jésus apparaît dans les Évangiles comme un personnage contradictoire. On le voit se dire *fils de Dieu, Messie ou Christ*, et nier qu'il le soit ; faire des miracles et les refuser, etc.

Jésus Messie ne peut pas dire : *Qui m'a établi juge sur vous ?* Il est juge et souverain.

Il ne peut pas dire : *Rendez à César*, etc. Il est, pour le peuple Juif, plus que César et sa réponse est incongrue, elle décèle l'imposture et l'impuissance.

Il ne peut pas dire à la femme adultère : personne ne t'a condamnée ; je ne te condamnerai pas non plus. Il faut qu'il juge ; tout cela est incohérent.

L'Église explique tout cela de son mieux, en disant :

1° Que le Messie n'a pas de rôle temporel, mais tout surnaturel ;

2° Qu'il ne touche pas aux puissances établies ;

3° Qu'il donne l'exemple de la soumission à elles ;

4° Que son rôle étant tout religieux et transcendant, son autorité est toute morale ;

5° Qu'il avait parfaitement le droit d'agir comme souverain, puisqu'il était Dieu, mais qu'il ne l'a pas dû faire, etc.

Dieu Jésus domine la société ; homme, il relève de la société ; Dieu et homme, il est venu racheter la société, la réformer et donner l'exemple de la soumission.

Cette explication ne peut pas satisfaire un rationaliste ; il faut dédoubler le personnage, et n'en prendre que la moitié.

Or, c'est ce que n'a pas su faire M. Renan.

J'en conclus que la moitié, au moins, des dits et faits attribués à Jésus ne peuvent être de lui, puisqu'ils sont d'un Dieu. Cette première élimination faite, pouvons-nous accepter, comme donnée authentique d'une vie d'homme, la partie réservée comme purement humaine? A cela, je réponds : oui, pourvu que le personnage qui en résulte soit concordant avec lui-même ; qu'il concorde avec les faits généraux, connus et authentiques ; et qu'enfin l'on explique la formation de ce double personnage et sa contradiction.

Or, c'est ce qui ne me paraît pas impossible.

Jésus refuse des miracles ; c'est qu'il est homme, qu'il se sent homme, et qu'il n'est point imposteur.

Jésus défend de dire qu'il est le Messie, c'est qu'il ne croit point l'être en effet, et qu'il est sincère.

Jésus prétend que le messianisme est tout autre chose que ce que l'on croit ; c'est qu'il est un *antimessie*.

Si Jésus est anti-messie, il ne peut pas être un vrai millénaire ; ce qu'il a pu dire et prévoir d'une révolution sociale, a été travesti par d'autres, et tourné à un sens qui n'était pas le sien.

Ses disciples, autant que les Pharisiens, pleins d'admiration pour sa doctrine et son caractère, sont scandalisés, mécontents de ses déclarations antimessiaques, ils ne le *comprennent pas ;* preuve de plus que Jésus heurtait de front la croyance populaire.

Cette *inintelligence* des disciples dure jusqu'à la mort de Jésus ; preuve que, pendant toute sa vie, Jésus est resté en dehors du cercle de l'opinion.

Plus tard, les disciples *l'ont compris ;* c'est la résurrection qui leur a dessillé les yeux.

Mais, comment l'ont-ils compris ? Un peu plus mal qu'auparavant. On ne saurait admettre, en effet, que le Jésus, Dieu fait homme rédempteur, tel que le croit l'Église, soit le résultat d'une véritable *intelligence*. Les disciples ont tout simplement modifié leurs opinions sur le Messie ; ils n'ont jamais compris Jésus, qui, homme véritable, authentique, dont chacun connaissait le père, la mère, les frères, la profession, le lieu de naissance, est ainsi devenu, par l'inintelligence de ses propres apôtres, un mythe.

Jésus a souvent déploré l'impuissance de ses apôtres à le bien comprendre : *Dures cervelles*, disait-il. — Nous avons donc ici son propre témoignage. Cette obstination des disciples à prendre les choses de travers fait son *désespoir* et l'*amertume* de sa vie ; voilà l'explication de ses tristesses. Le peuple est-il donc voué à jamais à la superstition et au malheur? se dit-il.

Jésus dit sur la croix : *Ils ne savent ce qu'ils font.* Cela ne peut être raisonnable que dans la bouche d'un Dieu, messie divin; ou d'un moraliste anti-messie. Mais, dans l'hypothèse d'une croyance messianique, les Juifs, convaincus que Jésus était un importun, savaient parfaitement ce qu'ils faisaient.

Jésus est MORT *sans avoir été compris*, il ne l'a pas été postérieurement davantage.

Les doutes que fait naître le récit des Évangélistes viennent du soin même qu'ils ont pris de faire croire à la mort, pour mieux établir ensuite la résurrection.

Quel était donc le sens du mouvement de Jésus ?

C'était d'affranchir le peuple hébreu, la race d'Israël, de la tyrannie sacerdotale, de l'hypocrisie pharisaïque, des rêveries messiaques, par là, de le préserver des dangers d'une lutte contre Rome, et de préparer, par la morale et la Justice, un meilleur avenir.

Jésus reste en dehors du dogmatisme religieux ; il accepte en gros la religion populaire, Moïse, les Prophètes ; il se moque des petitesses du culte ; il tend à une simplification : mais, réaliste et praticien en tout, il ne se jette point dans la mysticité. Il admet la foi à la résurrection, qui n'est qu'une manière de concevoir l'immortalité de l'âme, la *Providence*, des peines et des récompenses futures, la bonté de Dieu PÈRE des hommes : voilà tout.

Il s'appuie sur ces croyances, dont il se fait un point d'appui pour sa prédication.

Jésus fut-il membre d'une communauté essénienne ?

Rien ne le prouve. Etait-il affilié ? rien n'empêche de le croire. C'était un artisan, menuisier. charpentier, sorte de profession qui ouvre fort l'esprit. Je remarque, cependant, que, dans ses paraboles, on ne trouve aucune comparaison empruntée à la profession.

Évitait-il ce qui pouvait rappeler sa condition antérieure ? Je ne verrais là qu'une preuve de bon sens, et une précaution de sa dignité. Il éprouvait assez de contradiction *de toutes parts*.

Jésus parle constamment par paraboles, ou apologues. Ses historiens disent que c'était *afin de n'être pas compris des profanes*. Cette raison est tout simplement absurde. Jésus fait effort contre l'incapacité où sont ses auditeurs d'entendre une idée abstraite. La langue ne s'y prêtait pas. Cette *abstraction* consistait en ce que le Messie n'était pas un homme, mais une *réforme morale*. Cela n'entrait pas dans la tête et l'on est au supplice en voyant Jésus faire le siège de ces intelligences impénétrables. Homme supérieur, haute raison, c'est aux simples qu'il s'adresse ; il attend tout de leur simplicité, et ils ne le comprennent pas, *et sui eum non comprehenderunt*. Ce fut la vraie passion. A défaut de l'entendement, il s'adresse au cœur ; alors il les enchante, et on le fait Dieu.

II. — Le *Droit* et la *Raison* ne sont pas seulement le critère infaillible des actes et des pensées des hommes ; ils deviennent, par cela même, un moyen d'information et de constatation historique les plus puissants. En effet, la raison et la justice sont, à la fois, la base, le moteur de la société ; c'est par elles qu'elle se gouverne, dans ses mouvements généraux, c'est à elles que se réfèrent ses institutions ; c'est d'elles que se déduit toute philosophie pratique et historique.

Suivant les circonstances, un fait, une opinion, une pensée seront donc plus ou moins probables, selon qu'ils seront plus ou moins conformes à la raison et au droit, comme aussi, dans d'autres circonstances, suivant qu'ils s'en éloigneront, ou se tiendront à telle ou telle distance.

Ainsi, Jésus doit être loué ou blâmé selon qu'il s'approche ou s'éloigne de la justice et de la raison pures ; aucun idéalisme ne saurait le justifier.

Chercher d'abord les fonds d'idées *rationnelles* et *justes* qu'il a professées ; en séparer les chimères ; calculer la puissance des unes et des autres ; faire la part de chacune et déterminer la probabilité de la marche suivie et des événements.

A ces règles on doit ajouter celles-ci, sans préjudice, bien entendu, de toutes les règles de critique ordinaire :

A. — Les contradictions, quand il s'en présente, tombent à la charge, soit de l'écrivain, soit du héros, soit des événements, selon qu'il y a lieu de les attribuer aux uns ou aux autres.

Dans le premier cas, l'une des deux propositions devra être exclue; dans le second, le héros de l'histoire devient repréhensible; dans le troisième, comme les *faits* ne peuvent avoir tort, la contradiction indique un revirement.

B. — L'ensemble logique des faits et des témoignages est le critère qui décide en dernier ressort de la valeur de chaque détail et témoignage.

C. — Dans l'appréciation des faits, des idées et des personnes, la justice est le principe suprême de jugement. Tout ce qui se fait sans elle est douteux; tout ce qui se fait contre elle est condamnable.

D. — L'idéalisme, religieux ou esthétique, n'est qu'un auxiliaire de la raison et du droit; il ne peut prétendre à le suppléer; bien moins encore à le primer. Le droit seul est la jauge de la moralité des actes : comme la conscience de la valeur de l'individu.

En conséquence, tout ce qui se fait au nom et en vertu de la justice, doit être réputé bon, signe de vertu et de caractère; tout ce qui se fait au nom et en vertu de l'idéal seulement, pris comme principe prépondérant, est mauvais de sa nature, induisant à immoralité, tromperie, déshonneur et ruine.

Observons en second lieu que pour découvrir la vérité sur le contenu des évangiles, tout le travail de philologie est fait. On y a travaillé depuis la rédaction des évangiles eux-mêmes ; pères de l'Église, docteurs, hérétiques, etc., ont accumulé les commentaires ; l'étude a redoublé depuis le protestantisme ; la philosophie elle-même est intervenue et depuis quarante ans, avec le secours des grandes études philosophiques, on a épluché jusqu'au dernier accent. Les matériaux sont donc là, nous les possédons ; ce n'est plus qu'un travail de rapporteur, travail de bon sens à faire, en suivant certaines règles de bon sens.

Ces règles sont très simples :

Puisqu'il s'agit de conclusions philosophiques et historiques à prendre, en dehors de la foi chrétienne.

1° Toute prédiction d'un événement accompli après la mort de Jésus, et attribué à Jésus, est regardée comme apocryphe ; c'est une interpolation ;

2° Toute allusion à des faits, à des questions, à des opinions, à des discussions ou débats postérieurs interpolés ;

3° Tout miracle est présumé interpolé, à tout le moins considéré comme faux. On admet toutefois que Jésus a pu, selon la coutume universelle, consentir à essayer d'une médication en quelque sorte *magnétique;* mais c'est un trait du temps qui ne tire pas à conséquence ;

4° Toute *révélation, apparition,* faux ;

5° Toute accommodation de l'Ancien Testament, toute imitation du même, ayant pour but de prouver la messianité de Jésus, ou de grandir sa personne, interpolée ;

6° Toute contradiction historique ou dogmatique suppose une divergence entre le héros réel et les narrateurs. S'il est prouvé que la contradiction soit du fait du maître, elle tombe à sa charge ; dans le cas contraire, l'histoire du......[1] doit être rectifiée, dans le sens opposé ;

7° Application d'une logique sévère d'après ces données.

Or, en suivant ces règles, on arrive à ceci :

Que Jésus ayant repris l'œuvre de Jean, *Baptiseur* et *Annonciateur* Messianique, se posa comme lui en novateur socialiste, mais n'admettait point la croyance du Messie ;

Que, dans son for intérieur, il était du parti de

---

1) Mot illisible.

Hillel, qui réduisait le messie à un *mythe*, à une réforme morale et sociale ; qu'il n'eut point l'idée d'une *abrogation* du culte juif, mais d'une simplification et épuration ;

Qu'il ne *raffina* pas plus en religion qu'il ne théologisa ;

Qu'il était justicier, non *idéaliste ;*

Que la justice en lui se confondait avec la charité ;

Que son opinion sur lui-même était qu'il n'était ni Messie, ni fils de David, *ni fils de Dieu,* ni *verbe,* ni incarnation, ni prophète, ni thaumaturge ; mais simplement et modestement rabbi ;

Que, dans son langage, le *Père céleste* est la conscience ;

Que son plan, très simple, était de se renfermer dans la prédication morale, de détacher le peuple du Sacerdoce, du Pharisaïsme, des Scribes, du Messianisme même, par conséquent de ne point se mettre en hostilité avec Rome, et d'attendre tout du temps.

Mais ce plan de Jésus, il ne sut ou ne put le suivre : de là ses fautes, de là sa perte.

Les fautes de Jésus furent graves.

Il équivoque sur le *royaume de Dieu ;*

Il équivoque sur les *miracles ;*

Il équivoque sur le *messianisme ;*

Il équivoque sur ses propres *révélations.* Il équivoque avec Rome, à propos de l'*impôt ;*

Il équivoque sur la conservation ou l'*abrogation de la loi.*

Toute sa prédication est une perpétuelle équivoque ; sa mort même est équivoque.

Toutes ces équivoques résultent du contraste entre les *opinions secrètes,* avouées de temps à autre, de Jésus, et les croyances populaires qu'il tenait à ménager.

Ainsi, à force de dire que le Messie est justice et charité, et que c'est lui qui enseigne le vrai messianisme, en le niant, il finit par laisser croire qu'il est *personnellement* le Messie, une incarnation ; son langage figuré y prête [1].

Ainsi, il laisse croire qu'il est en *communication personnelle* avec le Père, alors qu'il ne s'agit pour lui que des suggestions de la conscience, etc.

Ce système de *ménagement,* de *sous-entendus, d'équivoques,* est la grande faute de Jésus.

Pourquoi rétrograder après avoir fait ce grand

---

(1) L'Eucharistie : *je suis le pain de vie,* etc.

pas, à la suite de Hillel, que le messianisme était *justice ?*

Pourquoi ne pas dire et répéter simplement, modestement, à la suite de Hillel, Gamatiel, et autres :

« Je ne suis pas *Messie* ;

« Je ne suis pas *Prophète* ;

« Je ne suis pas *Fils de Dieu* ;

« Je suis un *rabbi*, c'est-à-dire un homme comme chacun de vous, un de vos frères, qui vous enseigne ce qu'il a appris.

« Le *Messie* n'est que charité et justice.

« Des *prophètes*, il n'y en aura plus. Jean a été le dernier.

« *Fils de Dieu*, nous le sommes tous au même degré et au même titre quand nous faisons le bien ; ceux qui font le mal sont fils du diable. »

C'était clair, c'était bien plus élevé, plus original, que d'enfiler cette route vulgaire et déjà déconsidérée du messianisme.

Par là, il ne donnait matière à aucun reproche, il était à l'abri de toute critique, il n'avait rien à craindre ni de Rome, ni des Hérodes ; il pouvait défier le pontificat et toute la tourbe des scribes et des Pharisiens.

Par là, enfin, il aurait peu à peu ramené le peuple,

fanatique, en lui donnant le spectacle nouveau d'un simple RABBI, dont les œuvres et les paroles surpassaient celles de tous les messies ; il aurait sauvé ce peuple de ses fureurs et maintenu sa nationalité.

Au lieu de ce rôle si simple, si pur, si irréprochable, Jésus se jette, par emportement d'esprit, exaltation de tempérament, faiblesse de caractère, dans une voie fausse, louche, sans issue, funeste.

Au lieu d'une simple réforme sociale, il pousse à un mouvement révolutionnaire impossible.

Il se rend coupable d'usurpation de *titres* et, par le fait d'affectation, à la dictature populaire.

Il prête le flanc à la dénonciation et ne parvient pas à convaincre Pilate.

Il attaque le mosaïsme dans son essence, par ses vanteries sur le Temple, etc.

M. Renan dit que le mosaïsme était fini.

Mais c'est faux, de toute fausseté. Le mosaïsme subsiste encore, il est tout aussi vivant que le christianisme, il s'est modifié, mais pas intégralement ni essentiellement transformé ; il a des temples magnifiques, à Francfort, à Cologne et dans d'autres villes, des synagogues partout, il est salarié de l'État en France et jamais la nation ne fut, chez elle, si forte, si nombreuse, si riche, si libre.

Jugeant le christianisme au point de vue philosophique, cette religion, née de la faute de Jésus, car il ne se serait pas fondé sans cette faute, sans un homme divin, rédempteur et messie, j'ajoute qu'après 1830 ans, maintenant que la révolution française le déborde, il a été au moins inutile, qu'il a produit plus de mal que de bien, et puisque tout devait finir comme la raison le dit aujourd'hui, qu'il eût été à souhaiter que rien de semblable n'arrivât.

La responsabilité de Jésus est donc grande devant l'HISTOIRE : c'est de lui qu'on peut dire que, hors du système de l'Église, devant l'histoire et la postérité, il est, il fut coupable.

Devant l'histoire et la postérité, il a été châtié avec justice. Le supplice du Golgotha doit être rayé des méfaits de la nation juive et de l'humanité.

J'ai dit que la mort même de Jésus était équivoque. En effet, on ne peut pas affirmer qu'il soit mort, la chose est même improbable.

Ce jugement porté sur la carrière du soi-disant Christ, reste à examiner l'homme dans son fond, dans sa personnalité, dans sa morale et ses discours.

Les *équivoques* mises de côté, Jésus est une des intelligences les plus originales que le monde ait vu. Il est faiseur d'*apologues*, ou *paraboliste* très ingénieux, spirituel, ironique, véhément, tendre.

La conscience de Jésus est haute : c'est, selon moi, un vrai *justicier*, non un idéaliste ou raffiné piétiste.

Par cette hauteur de conscience, Jésus réunit les qualités contraires. Tour à tour sévère et indulgent, menaçant et tendre, implacable et consolateur, doux aux enfants, aux femmes, aux petits, miséricordieux et compatissant.

Nullement un *Céladon* ou un *Tyrcis*, comme le peint Renan.

En lui l'esprit, talent poétique, éloquence, etc., est à la hauteur de la conscience.

Mais le caractère est faible : il est évident qu'il s'est laissé entraîner par son propre mouvement, au lieu de se tenir ferme ; sans cesse, on voit que sa raison lui dit une chose, et qu'il en fait ou laisse faire et dire en son nom une autre. La prudence et la force lui ont *manqué*.

VI

EXÉGÈSE ET CONTRADICTION

I. Réhabilitation. — 1° Il y a, en Jésus, deux personnages ; le premier, le plus connu, le seul connu, est le Jésus de l'Église : Verbe de Dieu fait chair, Christ ou Messie, Thaumaturge, Prophète, Rédempteur des hommes, être sans analogue ni au ciel, ni sur la terre.

Ce Christ, qui pour l'histoire et la philosophie n'a pas existé, qui n'est qu'un idéalisme, n'en est pas moins, dans son histoire fabuleuse et conventionnelle, un personnage parfaitement logique, bien suivi, bien soutenu, intelligible, à part quelques contradictions dans le détail du récit, qui ne font rien au fond.

L'autre Jésus n'est point connu ; il s'est comme éclipsé dans la gloire de l'autre ; et la grande difficulté est de le rétablir avec une apparence de probabilité. Il s'agit, en effet, pour retrouver cette existence perdue, non seulement d'élaguer tous les idéalismes dont on l'a entouré, et qui constituent le nouveau et divin personnage; mais de faire cela de telle sorte que le dépouillement terminé, il reste une créature, non seulement humaine, possible, réelle, mais logique, honorable, d'accord en tout avec elle-même, à qui ni la raison, ni la morale ne puissent faire de reproches, digne enfin de son rôle, et du respect de l'histoire. — Or, ce travail n'est point du tout chose aisée, témoin M. Renan, dont le Jésus est digne de tous les sifflets et dédains de l'humanité.

2° Le Jésus de M. Renan est un novateur fantasque, halluciné, équivoque, illogique, de morale suspecte, agitateur vulgaire, ambitieux, poltron, charlatan, imposteur, etc., etc., etc. M. Renan peut se vanter d'avoir calomnié Jésus, non seulement en le présentant de travers, en lui prêtant des idées et des paroles qui ne lui appartiennent pas, mais en risquant sous son nom des maximes dignes des poursuites de la Justice.

3° Et la raison de cette singulière portraiture vient justement de ce que M. Renan n'a pas vu que le rôle divin fait à Jésus exclut l'idée d'un simple homme, et qu'essayer d'appliquer à celui-ci les paroles et les actes attribués à l'autre est chose absurde. Le Christ de la foi est un être fictif, il est vrai, mais ce Christ est parfaitement raisonné, moral, soutenu, dans sa nature surhumaine ; il n'y a rien à reprendre, si ce n'est que la philosophie positive ne saurait l'admettre.

En effet, etc. — Examen de *Jésus-Dieu*.

Ainsi la philosophie de M. Renan est restée ici au-dessous de la fable. La mythologie chrétienne a pu, d'un simple mortel, faire un dieu ; M. Renan n'a pas su, dans ce Dieu, trouver de quoi faire un homme ; et son Jésus, réduit à sa juste valeur, est un pauvre homme, digne au moins d'une correction afflictive, sinon infamante.

4° Recherche de la personnalité de Jésus ; position de la question.

Ce que c'est que le Christianisme, au point de vue de la philosophie ? La fusion de la religion et de la morale. Trois grandes époques dans la société : les cultes primitifs, ou la Religion et la Morale ou le Droit séparés ; le Christianisme ou la Religion et la Morale unies ; la morale seule, et indépendante de la religion.

5° Comment s'est institué le Christianisme ? ou histoire embryogénique de la deuxième époque ; c'est-à-dire biographie de Jésus.

Un *initiateur* devenu nécessaire. Place pour un homme. Mot de Platon.

Cette première partie de l'histoire de l'Église est la plus obscure et la plus délicate.

Mais, celle-là donnée, le reste coule de source.

6° *Ere d'attente*, ou *période palingénésiaque*, Livres sibyllins. — Rêveries judaïques. — Les faux christs.

On aperçoit ici qu'il y a place pour une grande individualité. Le moment est favorable. Mélange de superstitions et de sophismes; de rationalisme et de mysticité; de corruption et de vertueux dégoût, de tyrannie et de sourde révolte.

Or, le personnage a été, suivant les Chrétiens, c'est-à-dire la totalité du monde civilisé occidental, un certain Jésus de Galilée, dont la prédication fort courte a changé le monde.

Voici, en peu de mots, ce qu'a été et ce qu'a fait Jésus. — Idée générale de sa mission. — Il n'a point été ce que l'a fait Renan, d'après l'idéal théologique.

Ce qui suivra en sera la démonstration par pièces.

7° *Méthode critique*. — Les Évangiles : triage à faire entre la réalité et l'idéal.

Dits authentiques, dits supposés, ou travestis.

Diversité de style, de vues, d'opinions entre les Évangélistes.

Progrès dans l'idéalisation du héros.

8° Les miracles rejetés. — Les prophéties, et tout le surnaturel.

La parole de Jésus crue de préférence à celle des historiens, surtout quand il est d'accord avec les lois de la nature.

Pensée de Jésus sur les *Miracles*, la *filiation divine*, l. *Messie*, le *royaume de Dieu*, la réformation religieuse.

9° Ces précautions prises, ces règles adoptées, nous pouvons entrer en matière. Le réformateur va se montrer dans la vérité de son caractère, et l'irréprochabilité de sa mission.

Détermination du cadre. — La Galilée, rivale de la Judée. — L'an 28-29. — Promenade, aller et retour de Jésus.

10° Naissance miraculeuse : Théorie du verbe.

Jean-Baptiste ; — la Tentation ; — la Samaritaine, Noces de Cana ; début en Galilée ; — La doctrine fondue avec le miracle.

11° Sermons sur la montagne, ou première partie des *logia*, Mathieu, v, vi, vii ; Pure morale.

12° Réflexions sur cette première partie. Jésus réunit infiniment ces deux choses, religion et morale ; influence de ces deux idées l'une sur l'autre ; teinte d'idéal et de foi, de tendresse et d'amour, dans la religion.

Conséquences : Jésus est un anti-Messie.

13° A dater de ce moment, la mission de Jésus jusque sur la croix n'est plus qu'une longue controverse dans laquelle il se trouve en contradiction perpétuelle avec ses disciples, le peuple, les pharisiens et les prêtres, qui tous font de lui, tantôt à bonne, tantôt à mauvaise intention, un Fils de Dieu et un Messie, tandis qu'il prétend n'être ni l'un ni l'autre ; qu'il soutient que le messianisme c'est la réforme du culte et des mœurs, ce qui revient à dire que le vrai Messie, c'est ceci, précisément parce qu'il ne l'est point.

Ainsi sur le culte, chargé de superstition, Jésus est en désaccord avec les Juifs.

Sur le sabbat, désaccord.

Sur le Messie, désaccord.

Sur le royaume de Dieu, désaccord.

Sur les mœurs, pleines d'hypocrisie et d'adultère, désaccord.

Sur l'interprétation des prophètes, désaccord.

Sur la soumission aux Romains, désaccord.

Sur l'Impôt, désaccord.

Sur le divorce, désaccord, etc., etc., etc.

Chaque pas qu'il fera sera marqué par une attaque et une contradiction.

Sur l'égalité entre les croyants, désaccord.

Tyrannie des riches, désaccord, etc.

Questions. — Jésus est-il né à *Bethléem* comme le disent Mathieu et Luc?

Je remarque que la raison donnée par Strauss de le nier, savoir, que cette opinion a pris sa source dans une prophétie, ou bien à l'initiation de David, n'est pas décisive, attendu qu'on en aurait une semblable de nier que la patrie de Jésus fut Nazareth.

Jésus est-il de la race de *David*? Même incertitude. En tout cas, qu'il en fût ou non, il était devenu tout à fait Galiléen, hostile à ceux de Jérusalem.

Jésus a-t-il eu le *projet de fonder une Église* et un *culte*, dans la mesure toutefois de ce qu'il dit, (Math., v, 17), qu'il ne vient pas renverser, mais compléter? — Je le crois. Je crois qu'il a fait, et voulu faire acte de fondateur religieux en instituant le baptême, le sacrifice, le sacerdoce, etc. C'était dans l'esprit du temps, dans la donnée de l'époque. — Le sentiment religieux a besoin de se déterminer en se donnant un *rite* et des *formes*. Renan me paraît se tromper à ce sujet. D'ailleurs, ce culte est indispensable à la révolution, qui consiste surtout dans l'union intime de la religion et de la morale.

Jésus a-t-il eu la pensée d'un *culte unique et universel?* Ses disciples le disent, et nous n'avons pas de raison de ne les en pas croire. Cependant, il reste à cet égard quelque chose de peu clair : pourquoi Jésus allait-il à Jérusalem, s'il devait retourner vers les Gentils ? Comment expliquer (Math., x, 6,) où Jésus défend d'aller prêcher les Gentils, tandis que plus tard, après sa résurrection, il le commande ?

Il faut dire, je crois, que Jésus a dû suivre le courant même de sa propre pensée. En fait d'innovation, la tendance est à l'universel, à l'infini. Sans doute, il s'adressa d'abord à ses compatriotes galiléens ; puis il attaque et la Samarie, et la Judée ; il conçoit la religion universelle, et le plan d'une propagande par toute la terre.

Quid des miracles ? Nous ne pouvons y croire. Mais on ne peut pas les omettre dans une histoire de Jésus ; car ils ont tous un caractère religieux et moral qui sert à définir l'entreprise du maître.

Plus j'y réfléchis, plus je trouve qu'en effet l'initiateur chrétien devait être Dieu et Messie, je veux dire tel ou tel sans cela rien ne se faisait.

Jésus, n'ayant point d'analogue, est indéfinissable pour lui-même.

Il n'a ni pu, ni su s'expliquer. Il n'a été parfaitement compris ni de son vivant, ni après sa mort.

Renan n'a nullement compris la grandeur de la mission de Jésus. Il n'a pas le sentiment de ces choses. Retremper la société humaine, régénérer les âmes, donner une impulsion nouvelle aux consciences, par cette fusion intime du sens moral et du sens religieux, tout cela exigeait, je le répète, un être au-dessus de l'humanité, ou qu'il fût cru tel.

De là, cette fusion intime des deux éléments dans les évangiles : religion, morale, le surnaturel et le rationnel. De là, l'imbroglio du réformateur galiléen et Messie ; homme et Dieu, moraliste et thaumaturge ; crucifié et ressuscité, enseveli et monté au ciel, fils de l'homme et conçu du Saint-Esprit, médecin du corps et sauveur des âmes ; chassant les démons et remettant les péchés. Si Jésus n'est pas tout cela, ou cru tout cela, rien ne s'accomplit.

Ceux qui ont opéré ce mélange en ont-ils eu conscience ? Non, ils ont été les agents d'une œuvre inconnue d'eux-mêmes que nous voyons aujourd'hui, mais que personne d'abord ne comprit. Tout est conçu dans l'évangile, et pourtant nul ne peut encore suivre à la trace cet idéalisme qui, d'un rabbi, fait un dieu.

II. Apothéose et enseignement. — Dégager l'homme réel, le sage historique et véritable de dessous le Dieu et le Christ, prophète et thaumaturge, voilà tout le problème.

Nos philosophes du xviii° et du xix° siècle, se sont contentés de prendre Jésus en gros par sa morale, par son côté de réformateur positif, laissant à d'autres le soin d'expliquer cette formation mythologique ; et en effet, on verra que ce qu'il est permis d'affirmer et de penser de Jésus ne dépasse de guère ce qu'ils en ont conçu.

La question est toute de critique, de philologie et de psychologie générale, plutôt que biographique.

Sur les évangiles : Ne plus autant séparer les trois premiers du quatrième qu'on l'a fait jusqu'à ce jour.

Ce qui est évident, c'est que la pensée de Jésus s'altère à mesure qu'on s'éloigne de l'époque de sa mort.

Ainsi, *Mathieu* est le plus ancien et aussi le plus véridique.

Marc vient après, tenant le milieu entre la double influence de Pierre et de Paul.

Luc est un paulicien, il a mis du sien plus que Mathieu dans le discours de Jésus.

Jean vient le dernier, c'est lui dont la pensée et le style ont le plus déteint sur les discours de Jésus.

Du reste, entendu que ces noms indiquent des traditions plutôt que des auteurs authentiques.

Distinction fondamentale entre Jésus Dieu et Jésus *homme*.

Le premier est logique, suivi, bien conçu, toutes ses actions sont liées, sublimes, sans reproche, et tout le monde l'a parfaitement saisi dans son idéal.

Mais ce personnage devient absurde, ridicule, immoral, et de fond en comble condamnable, si le prenant pour un simple homme, on continue de lui attribuer tout ce qui est dit du Dieu, ou si, sans croire ni aux prophéties ni aux miracles, on essaye d'accommoder rationnellement ses titres de *Fils de Dieu*, de *Messie*, etc., à un personnage réel.

Il faut ici faire un revirement complet.

1° Jésus ne s'est pas dit Messie, car il est antimessianiste.

2° Jésus ne s'est pas dit *Verbe* et *Fils de Dieu*, au sens de saint Jean.

3° Jésus ne prouvait les miracles et pourtant il a opéré quelque chose qui a pu y faire croire.

4° Jésus ne s'est pas même posé en *prophète*, comme Jean.

5° Jésus a simplement fait cette chose très grande et unique : la religion, avant lui, était purement cérémoniale, impérative, elle ne se fondait point avec la justice, la charité et la morale. Jésus a opéré cette fusion intime ; il a renouvelé l'idée de *Dieu*, de *Dieu* père dont le *royaume* est tout en faveur des petits, des pauvres, de ceux qui souffrent.

Jésus n'est pas un idéaliste, et fort peu un mystique. C'est, sous un langage pieux, un vrai justicier et un révolutionnaire.

En quelques points, M. Renan l'a touché comme ont fait tant d'autres, mais il l'a souillé et déshonoré par la manière dont il a essayé de rendre compte de sa vie et de ses actes.

6° Jésus a donc été injustement mis à mort, et par le fait d'une vraie cabale, car il n'était ni blasphémateur, ni messie, ni corrupteur de la religion, qu'il ennoblissait, épurait, élevait comme il l'a dit lui-même.

7° Par l'Eucharistie, il a renouvelé le sacrifice de Melchisédech, et en a fait un symbole d'amour, ou union fraternelle, et un symbole de déification mutuelle, ou d'enseignement spirituel. Avant lui, pas question de *nourrir l'âme*.

8° Jésus n'a pas été mauvais citoyen : au contraire.

9° Jésus ne se révolte pas contre Rome : loin de là.

Tout est clair, limpide, dans la vie de Jésus, lorsque l'on saisit bien cette opposition du personnage divin et du personnage humain, et qu'on adopte pour point de départ que la doctrine qu'il enseignait était un vrai contrepoison au messianisme.

Ainsi, il y a nécessairement deux Jésus ; le Jésus de l'Église, parfaitement intelligible, logique, suivi, c'est le Jésus *idéalisé*, surhumain, et il doit y avoir un autre Jésus, simple homme, moraliste, réformateur, dont il s'agit d'opérer la reconstruction, et qui doit être de son côté rationnel, logique, moral, conséquent avec lui-même, un être vivant et raisonnable, sans contradictions, tel, enfin, que le demandent la philosophie et l'histoire.

Ce Jésus-là, il n'y a pas deux manières de le présenter ; il n'est pas double ou triple ; ce ne sera pas, au caprice d'un narrateur, tantôt un halluciné, tantôt un imposteur, un être louche et équivoque. On le reconnaîtra quand on l'aura vu ;

et ce personnage une fois compris, on ne le changera plus pour un autre.

Maintenant, que ce Docteur ait paru à ses disciples plus grand que nature ; qu'après coup, ils aient vu en lui un homme de Dieu ; un prophète, un Messie, un Verbe divin, cela se comprend ; que la sublimité du personnage ait grandi à mesure que l'on a sondé la doctrine, c'était inévitable.

Pas besoin de grec ni d'hébreu pour tout ceci.

Jésus est le point de *transition* des anciens cultes à la religion nouvelle, le dogme est venu après lui : il s'est édifié sur lui.

Son œuvre à lui est nette, catégorique, précise, et se définit merveilleusement. Ce n'est point une morale théorique.

Ce n'est point une législation.

Ce n'est pas une gnose, ou théologie, ou métaphysique.

C'est une vigoureuse impulsion donnée à la conscience humaine, au sens moral de l'homme, au cœur humain, par l'union intime de l'idéal religieux, à la morale la plus pure.

Cela devait se faire, toute l'antiquité converge vers ce point, dont Jésus est le représentant et le moment.

Piété et morale, Dieu et conscience sont au fond

choses identiques; à partir de Jésus, la justice ira grandissante, négligeant le culte et la théologie de plus en plus.

Cela était nécessaire : la morale n'eût pas *refleuri* sans cet idéal de piété, de religion encore positive ; et la religion de son côté était perdue, déshonorée, sans son alliance avec la morale.

Explosion d'une conscience supérieure, unique, pure, dans la vérité, dans la parole, dans les œuvres.

Je dis donc qu'une révolution était nécessaire pour sauver d'une corruption universelle, immanente, le vieux monde.

Cette révolution devait avoir son principe dans une puissante excitation des âmes, qui rafraîchit la pensée, renouvelât les consciences, rendit la jeunesse aux âmes, et donnât au genre humain un sens moral plus énergique, sinon une morale nouvelle.

Pour cela, il fallait le concours de deux forces : le sentiment religieux, et le sentiment de *Justice* et de *charité* qui, ici, se confondent.

Il fallait, dis-je, que la vraie morale entrât dans le culte, et le culte dans la morale; que celle-ci devînt une religion, et que la religion devînt une fraternité.

L'auteur d'un semblable mouvement devait en conséquence réunir en lui, au plus haut degré, les qualités de *piété* et de *Justice*, ou de charité.

Rôle tout nouveau, qui ne ressemblait à rien, ni dans le passé, ni dans le présent, ni dans ce qu'attendaient les contemporains.

Jésus ne pouvait donc se dire ni *Messie*, ni *Prophète*.

Il ne détruisait pas la *religion*.

Il n'avait rien de commun ni avec la puissance politique, ni avec la puissance spirituelle.

Ayant au plus haut degré le sentiment de la misère universelle physique et morale, unissant en son cœur toutes les douleurs, comme toutes les vertus, il ne pouvait se dire Dieu, ni fils de Dieu, au sens théologique. Il se sentait profondément homme, et homme de douleurs, homme humilié.

Et, cependant, il était l'agent, l'auteur de la plus étonnante des révolutions.

Il devait donc rencontrer jusqu'au bout inintelligence, contradiction, défection, persécution, doute, trahison, condamnation.

Mais, une fois mort, ou présumé tel, son souvenir restait; alors il ne pouvait être un simple homme ; c'était un *médiateur*, un *sauveur*, un personnage jusque-là inouï, sans analogue, sans pareil : que l'on forma de tout ce que l'on avait connu ou rêvé de plus sublime, prophète, thaumaturge, fondateur de culte, envoyé de Dieu, fils de Dieu, Verbe de Dieu, Dieu fait homme, etc., etc.

Tous ces titres devenaient indispensables pour expliquer sa carrière, sa mission ; il n'y avait qu'un pareil être qui eût pu faire de telles choses ; seul, un être semblable avait autorité, aux yeux du monde, pouvait être cru, suivi, etc.

Jésus ne pouvait être de son vivant ce qu'il est devenu après sa mort ; il ne pouvait éviter d'être fait après sa mort ce qu'il avait déclaré n'être pas de son vivant.

Vivant, il ne pouvait se faire entendre, être ni compris, ni cru ; mort, on l'entendait trop bien, à ce point qu'on le faisait Christ et Dieu.

Vivant, Jésus était en butte à la contradiction universelle ; on lui en voulait autant de n'être pas Christ que s'il eût dit qu'il l'était ; les Juifs l'accusaient tout à la fois de détruire les espérances de la nation, et d'usurper un pouvoir qui ne lui appartenait pas.

Hérode et Rome voyaient en lui un agitateur, alors même qu'il se séparait des idées d'ambition temporelle. Les prêtres et les sectaires lui reprochaient de détruire la religion, alors qu'il l'épurait et lui donnait son plus magnifique complément, dans la loi morale, dans la justice.

C'est le nœud dramatique le plus grandiose, le plus formidable, le plus embrouillé qui se soit vu ; et cependant tout cela se conçoit aujourd'hui, s'explique, et explique tout.

L'Église se trouve excusée, justifiée, sans que la philosophie ait tort ; Jésus, redevenu homme, aux termes de sa vraie nature, dégagé de son idéal, ne perd rien ni du respect ni de sa dignité.

Les faits sont d'une telle hauteur, qu'aujourd'hui, ils sont encore pour nous le plus précieux des enseignements, et qu'ils jettent sur notre nature, sur notre passé et sur notre avenir, un jour incomparable.

Le mystère est expliqué, le miracle, sans s'amoindrir, devient une chose humaine et naturelle ; si nous ne sommes plus chrétiens, nous n'en continuons pas moins l'œuvre de Jésus.

L'ère du Christ ne pouvait être comprise que par l'ère du rationalisme, de la justice immanente, et de la liberté.

III. Enumération des motifs de croire que Jésus n'était pas mort lorsqu'on le descendit de la croix;

ET QU'IL SURVÉCUT A SON SUPPLICE[1]. — Strauss a fort bien montré que Jésus avait *dû* ressusciter parce qu'il était le Christ.

Mais, comme sa messianité ne fut reconnue que postérieurement à sa mission, la question est de savoir s'il ne fût pas déclaré Messie en raison de sa résurrection, ou *vice versa*.

Après l'éclat qu'il avait fait, le bruit de sa doctrine, l'ébranlement des esprits, la disposition des disciples, il est évident que s'il arrivait de lui quelque chose comme le fait du jour, qui suivit la Pâque, les disciples ne devaient plus hésiter, il était le Messie.

Or, Jésus n'avait pas dit qu'il fût le Messie.

Il avait enseigné, avec Hillel, que le vrai messianisme, c'était la *Réforme*. Ce n'était que par une figure qu'on pouvait le dire lui-même *Messie*.

Mais la figure devait bientôt être prise au *propre*. Il suffisait pour cela qu'on se convainquît, de façon ou d'autre, que tout ce que rapportait la tradition était figuratif ; en sorte que le réalisme était ici figure, et la figure réalisme.

Une fois ce système d'interprétation admis, Jésus, l'annonciateur du vrai messianisme, devenait le vrai Messie.

---

(1) 1re aux Corinthiens, xv.

De bonne heure, il y en eut qui le considérèrent comme tel, et parmi ceux-ci, bon nombre des *disciples*, quoi qu'ils aient dit, après coup de leur persévérante *incrédulité*, qu'il ne faut pas prendre trop au sérieux.

Dans la rapidité des événements, nul doute que le crucifiement ne dut les anéantir ; il n'y avait ici foi et espérance qui tinssent ; leur maître crucifié, l'évidence des sens était la plus forte ; ils crurent la réforme *perdue*.

On sait avec quelle ardeur les hommes fameux, quand la mort les a frappés, sont redemandés, pour ainsi dire, au trépas.

On a cru au retour de Barberousse, de Néron, de Démétrius, du fils de Louis XVI, de Bonaparte ; que d'épouses, que de mères, ayant appris la mort d'un être chéri, croient encore le voir revenir !

Quelle dut être l'émotion des disciples à cette nouvelle :

Le corps n'est plus dans le tombeau !... Avec quelle avidité on dut s'attacher à la plus faible lueur d'espérance !

Mais que devinrent-ils, quand ils apprirent qu'on l'avait vu ?

Tous sans doute durent s'écrier : Ce n'est *pas possible !* Mais une pareille exclamation ne fut dans leur bouche que l'expression de l'espérance, du plus ardent désir que la chose fût vraie. Ils croyaient de tout leur cœur, quand ils disaient des lèvres, qu'ils ne croyaient pas. Et l'histoire de saint Thomas est tellement en dehors de la nature humaine, à rebours du cœur humain, que j'aimerais presque autant croire à une vraie résurrection qu'à cette froide, hautaine, et méprisante incrédulité des disciples.

Or, si pareille espérance put être satisfaite, on conçoit le résultat. Jésus fut décidément le vrai Messie : il n'y eut plus à s'occuper que d'en recueillir les preuves, et d'entourer de ces preuves le fait même de la résurrection, dont les *douze* apôtres, plusieurs femmes, et d'autres, se portaient garants.

Cherchons donc si ce fait, si ardemment souhaité, fut réel.

1° Ici, je commence par poser, contre Strauss, la nécessité d'un pareil fait, pour rendre possible la continuation de la mission évangélique. Jésus frappé, tout était fini. Il n'y avait pas à dire l'idée, si fortement inculquée, que le Messie ne mourrait pas, ne pouvait servir qu'à faire croire que Jésus, tout grand prophète fût-il, n'était décidément, non plus que Jean-Baptiste, pas le Messie.

Jésus véritablement mort, tout est fini, personne

n'aura l'idée de le ressusciter, sous prétexte d'*accomplir les Écritures*.

Mais le supplice de Jésus n'a rien fini, au contraire.

C'est après le supplice que tout recommence, et de plus belle.

Donc, il n'était pas mort...

Sans doute, le Messianisme ne tenait pas à la personne de Jésus ; on le vit par Theudas, Judas, Barcochébas, et autres.

Mais, il est une opinion qui tenait à sa personne, à son enseignement, et qui était que le Messie était tout autre chose que ce qu'imaginait le Vulgaire. Or, cette opinion, la mort de Jésus l'anéantissait radicalement.

2° A cet argument de nécessité, j'en ajoute immédiatement un autre. C'est que tout le monde, au premier et au deuxième siècle, a cru à Jésus-Christ, parce qu'il était ressuscité, et que sans cette consécration du retour à la vie, son nom fût tombé dans l'oubli, son Église n'eût pas été fondée.

Assurément, je ne veux pas dire que, de ce que les premiers crurent à la résurrection de leur maître, il en résulte qu'il fût véritablement ressuscité. Non, je veux dire que la doctrine sur le messianisme tenait tellement à sa personne, que cette personne immolée, la doctrine périssait ; la personne revenant à la vie, au contraire, la doctrine se trouvait démontrée, et son auteur, *ipso facto*, déclaré lui-même Christ. Je dis que c'est cela qui était au fond de tous les esprits ; et l'unanimité de cette croyance écartant toute idée de collusion, il s'ensuit que l'événement qui suivit ne fut le produit d'aucune spéculation frauduleuse ou d'entreprise sectaire. C'était impossible.

En deux mots, l'*apothéose* de Jésus à peine d'être déclarée un effet sans cause démontre sa *résurrection*, sauf l'explication à fournir sur le sens de ce mot ressusciter.

Il fallait un coup de tonnerre, un fait prodigieux, un phénomène extraordinaire, enfin, pour relever le parti de Jésus : je dis, non pas que le fait étant arrivé, le parti se releva, mais que le parti s'étant relevé, il faut en conclure à la présence d'une cause, fait ou motif extraordinaire, qui détermine cette restauration.

Ce fait, selon moi, c'est tout simplement que Jésus ne mourut pas des suites de son supplice ; sur quoi, j'ai à expliquer deux choses : 1° les preuves ou conjectures qui m'autorisent à croire qu'il ne mourut pas ; 2° la portée que cet événement, qui, dans tout autre cas, n'aurait fourni qu'une note...[1] d'un médecin, eut dans les circonstances.

Les circonstances qui me permettent de croire que la mort ne suivit pas la crucifixion, sont :

1° La faveur marquée de Pilate, qui, renseigné sur la portée du messianisme galiléen, ne pouvait y voir, comme il arriva plus tard à Paul, qu'un fait favorable à la domination romaine, et ne dut pas en conséquence se montrer bien rigoureux sur les détails de l'exécution.

2° Les détails dans lesquels sont entrés les évangélistes sur cette exécution, et qui ont été exagérés et rendus atroces à dessein, comme font ceux qui veulent peindre le danger auquel ils ont échappé.

3° L'asphyxie de Jésus, causée par le breuvage aromatique ; on voulut lui épargner les douleurs de la croix, et en éteignant chez lui la sensibilité on lui conserva la vie.

4° La promptitude avec laquelle il fut détaché de la croix, *six heures* environ, trois selon Strauss, peut-être moins, après avoir été crucifié.

5° La condescendance avec laquelle il fut remis aussitôt à Joseph d'Arimathie, qui le réclama.

(1) Mot illisible.

6° L'ensevelissement dans un sépulcre *neuf*, dans un terrain ENCLOS.

(Circonstances, du *coup de lance*, de l'*embaumement*, des *gardes*, etc., controuvées.)

7° L'avis donné aux apôtres, par l'entremise des femmes, *d'aller en Galilée*, où Jésus se montra aux *douze*.

8° La reprise immédiate de la *mission* sur nouveaux frais.

9° Prise d'une *boisson stupéfiante*, selon Jean.

A ces motifs, il faut joindre une multitude de passages qui, de près ou de loin, s'éclairent d'un nouveau jour à l'aide de cette hypothèse.

10° Etonnement de Pilate, quand il apprend la *mort*.

11° Résurrection sans témoins ; on ne veut pas divulguer la chose.

Coup de lance donné à Jésus ; selon Jean, il est faux qu'on rompit les jambes.

12° Disparition du corps ;

13° *Discrétion* des apparitions. Conduite de Jésus et de ses apôtres, après la Résurrection.

14° Jésus envoie l'Esprit à ses Apôtres ; il embauche Paul ; il organise la mission des Gentils ; en un mot, il fait acte de gouvernement dans l'Église, tout en se tenant soigneusement caché.

Plus Jésus se cacha, plus son rôle va *grandissant;* il dut se cacher et disparaître tout à fait.

Il faut revoir avec soin toutes les circonstances du récit. Il y a des pauvretés dépourvues de sens qui deviennent lumineuses dans la nouvelle hypothèse ; telle l'histoire des *gardes* posés, et puis corrompus, etc.

Tout le monde est ici mystifié: les Juifs, les disciples, Pilate, etc.

Jésus n'étant pas mort, reste à voir ce que devint un pareil fait, dans la pensée de ses disciples.

On ne pouvait discerner la mort de la léthargie ; il y avait, en tout cas, miracle providentiel. La main de Dieu l'avait préservé, sauvé ; ce n'était pas sans un grand dessein.

IV. Commentaires sur le chapitre XV de la 1re aux Corinthiens.

Au soin extrême que Paul met dans cette Epître à expliquer le *dogme* de la résurrection, et, par suite, le sens dans lequel on doit entendre le fait de la résurrection de Jésus, il est facile de s'apercevoir tout d'abord qu'il a en vue de réfuter les autres apôtres ; que c'est ici un des points sur lesquels on l'accusait de prêcher des nouveautés, et de mêler à la doctrine essentiellement morale de Jésus ses propres spéculations, et d'enseigner des subtilités incompréhensibles [1].

Pour le parti opposé à Paul, la résurrection de Jésus, résurrection par laquelle s'est démontrée sa messianité, est un fait d'autant plus merveilleux, qu'il est tout à fait exceptionnel ; mais en même temps, ce n'est pas ce fait, malgré ce qu'il a de prodigieux, qui est la base de la doctrine, il n'en est qu'une affirmation, une garantie.

Pour Paul et les siens, au contraire, la résurrection de Jésus n'est qu'une application particulière du principe de la résurrection universelle, promise à tous les hommes, avec cette différence seulement que, pour l'économie de la religion, Jésus s'est ressuscité lui-même le surlendemain de sa passion, tandis que le reste du genre humain attend, de la venue future du Messie ressuscité, sa propre résurrection.

De cette différence du point de vue résurrectionniste, et du rôle attribué au fait et au mystère de la résurrection de Jésus et de la résurrection générale, résulte une conception toute différente du fait supposé de la résurrection du Christ. Pour le parti de Pierre, Jésus est ressuscité dans le sens littéral et matériel du mot, comme on le racontait

---

(1) Cf. Notes relatives à la résurrection de Jésus, dans les quatre Évangélistes.

de Lazare et de quelques autres ; c'est-à-dire que l'âme de Jésus ayant quitté son corps, par l'effet du supplice, y était ensuite rentrée, et que ce corps mort, ce cadavre avait revécu.

Pour Paul, qui tenait des Pharisiens une doctrine toute faite, antérieure à Jésus, ce n'était pas ainsi que les choses s'étaient passées. Le corps de Jésus mis à mort n'était pas purement et simplement revenu à la vie, chose impossible ; il avait, par la mort, subi une transformation, une sorte de spiritualisation ; de corps *terrestre*, il était devenu corps *éthéré :* ce qui n'est pas loin de l'opinion que les anciens se faisaient des *ombres*, *mânes*, *lémures*, etc. ; opinion qui ne s'éloigne pas trop non plus de la conception de l'*immortalité des âmes*.

Tel était, selon Paul, le grand but, la grande idée messianique.

Pourquoi Jésus était-il ressuscité ? — Pour accomplir les Écritures, disait Pierre, qui donnaient ce fait comme signe de reconnaissance du Messie.

Ce n'est pas cela, disait Paul : Jésus est ressuscité pour nous apprendre à tous que notre destinée commune est la *résurrection*.

Erreur, reprenait Pierre, le but du messianisme est la rénovation morale, le changement des mœurs, la liberté...

— Vous vous trompez, répliquait l'autre, vous prenez le moyen pour le but ; oui, il faut produire des bonnes œuvres, mais afin de ressusciter en gloire ; sans quoi vous ressusciterez pour la condamnation.

On sent, indépendamment de la question de doctrine et de la finalité du christianisme, de quelle importance était, pour l'appréciation même du fait de la résurrection messiaque, la divergence des deux partis.

Au fond, Jésus, selon Paul, n'était pas du tout ressuscité : son corps, mis au tombeau, ayant disparu, s'était transformé et surnaturalisé par un acte de la puissance divine, rien de plus.

Selon Pierre, au contraire, Jésus avait échappé littéralement à la mort ; il était *revenu en vie*, et comme tel, ayant vaincu la mort, il ne pouvait plus mourir ; c'est pourquoi, après la résurrection, il était retourné au ciel, en *corps et en âme*. (Ascension.)

Sur quoi, le philosophe, incrédule, devait dire :

Moi qui n'admets ni la résurrection de Paul, ni celle de Pierre, je dis qu'il est arrivé de deux choses l'une :

Ou bien le *corps* du Christ a été enlevé du tombeau, et c'est ce qui a donné lieu à l'opinion de Paul ;

Ou bien Jésus n'était pas mort, et comme naturellement il a dû se montrer à quelqu'un, on aura pris une léthargie pour une mort, et c'est ce qui aura donné lieu à l'opinion de Pierre.

Or, comme tous deux paraissent également convaincus et de bonne foi, tous deux attestant avoir vu Jésus-Christ après sa résurrection ; et comme il est plus aisé de croire que Pierre ait vu Jésus vivant que de croire Paul qui l'a vu à l'état de revenant, je conclus que c'est Pierre qui a raison et que Jésus est sorti de son tombeau ; seulement Pierre se trompe en croyant que ce ressuscité était réellement mort...

Voilà ce qui résulte du chapitre xv de l'Epître Ire aux Corinthiens, dont il faut maintenant examiner la teneur.

« Je vous ai dit, mes frères, que l'Évangile que je vous ai annoncé, et que vous avez accueilli, repose tout entier sur ce fondement.

« Que Christ est mort pour nos péchés, selon les Écritures ; qu'il a été enseveli, et qu'il est ressuscité le troisième jour, selon les mêmes Écritures.

« C'est de quoi rendent témoignage tous ceux auxquels il est apparu, Pierre, d'abord, puis, moi, le dernier de tous.

« Oui, je suis le plus petit des apôtres, leur cadet,

leur avorton, mais j'ai travaillé plus que tous, et la grâce de Dieu a béni mon travail.

« Ou eux, ou moi (il faut choisir).

« Ainsi, nous prêchons, ainsi vous avez cru.

« § 1 à 11. — Or, s'il est vrai, comme on le dit, que Christ soit ressuscité, comment peut-on dire, ainsi que le font quelques-uns parmi vous, que les morts ne ressuscitent pas ? »

Telle est l'argumentation de Paul, argumentation sophistique, au point de vue d'une religion qui admet les miracles, et qui ne peut être acceptée que par une philosophie qui les nie. — Aussi lui répondait-on : Non, les morts ne ressuscitent pas, et c'est pourquoi la résurrection de Jésus est un miracle.

Et moi, reprenait Paul, je vous dis que tous les morts doivent ressusciter : sans quoi, ceux qui sont morts en Christ seraient donc perdus ; sans quoi, si nous n'espérons en Christ que pour cette vie, nous sommes les plus misérables des hommes ! — § 18-19.

Là-dessus il développe sa pensée.

Christ est ressuscité le *premier* d'entre les morts, *non* l'unique.

Car, comme la mort est entrée par un homme, Adam, de même la résurrection vient par un homme.

Christ a commencé le mouvement, après lui,

les autres ressusciteront ; puis ce sera la fin. Alors tout sera soumis à Christ, la mort même sera subjuguée (on ne mourra plus). Alors Christ régnera sur toute chose ; il n'y aura *au-dessus de lui que* Dieu, créateur souverain. — § 20-28.

Il continue :

« Sans cela, *Alioguin*, à quoi nous servirait le baptême et la récipiscence ? Que nous servirait de nous affranchir de la mort morale, si nous restons esclaves de la mort matérielle ?

« Pourquoi courons-nous tant de périls à toute heure ? » C'est l'argument de Massillon, *si tout meurt avec nous*, etc.

§ 35. — Mais, dites-nous, qu'est-ce que la résurrection ?

Et Paul répond par une comparaison empruntée à Jésus-Christ, celle du grain de blé mis en terre, qui meurt, et produit un épi.

Voilà ce que c'est que la résurrection.

Suivent de nouveaux développements, une série d'antithèses, sur les corps *terrestres* et les corps *célestes*, les premiers, germes des seconds, etc. Tout cela est de pure imagination.

Que dut penser Jésus, si, comme aucuns pensent, il n'était pas mort sur la croix, et qu'il assistât, invisible, à ces dispustes ?

Ce qui est certain, c'est que l'Église ne se divisa point, comme on l'aurait pu craindre : elle accepta tout, l'idée de Pierre et l'idée de Paul. Elle crut avec le premier que l'âme de Jésus, après être allée aux enfers était *rentrée* dans son corps, et que celui-ci acquit des propriétés hyperphysiques ; elle crut que la résurrection de Jésus était à la fois un miracle et une promesse, etc. ; elle crut que tous les hommes devaient *ressusciter*, toutes les âmes rentrer dans leurs corps, mais les uns pour la béatitude, les autres pour la damnation.

Aujourd'hui, la philosophie écarte toutes ces opinions ; elle n'admet ni la résurrection de Jésus, ni celle des corps; les spiritualistes n'ont retenu que l'immortalité des *âmes*.

Mais qu'est-ce qu'une âme sans corps?

Ce que je veux recueillir de tout cela, quant à la légende de Jésus, c'est que nous avons ici des témoins qui affirment l'avoir vu, après son enterrement. Ne sont-ce que des prestiges magnétiques, somnambuliques, spiritistes ? — Ou bien s'agit-il d'une présence positive? Toute la question est là.

Certainement, on est enclin à tout expliquer par cette voie, mais n'oublions pas que nous avons affaire à des Juifs. — qui ne comprennent guère l'*âme* sans le corps ; et que la dispute de Paul implique chez ces adversaires une idée de la résurrection dans l'acception la plus matérielle du mot, par conséquent une non-mort de Jésus.

V. Survie de Jésus. — *Juda le Gaulonite* est arrêté et mis à mort: son parti finit avec lui. An 6.

Un autre messie du même temps, Juda fils d'Ézéchias, est arrêté aussi ; il ne reste rien de lui : à peine s'il est connu. An 3.

Theudas arrêté en 45 ; son parti étouffé dans son sang.

Jean le précurseur est pris et mis à mort, ses disciples se dispersent, vont à Jésus, tout finit avec lui.

Comment Jésus mort, sa pensée aurait-elle survécu ? Surtout si l'on considère que de son vivant il ne fut pas compris ; que le peuple l'abandonna, etc. ?

Cette probabilité est très forte.

Il faut reconnaître ensuite qu'une cause qui soutint la secte fut la rédaction des *Évangiles*. Or, Jésus n'avait rien écrit quand il mourut : qui se fut soucié de sa doctrine, sans lui ? Et sans cette doctrine, que serait devenue la secte ?

Mort réelle et probable de Jésus, vers 58 ou 59, avant le Concile de Jérusalem, qui trancha définitivement la question de la *circoncision*.

Marc, mort en 64, dit que Jésus fut *allumé* au ciel.

Il faut relire les Évangiles à ce point de vue, d'une action de Jésus, postérieure à sa crucifixion.

1° L'ordre de prêcher les Gentils est *postérieur à la résurrection*, et de baptiser au nom de la trinité.

2° On ne remarque pas assez cette *action* de Jésus, formellement reconnue par les quatre Évangiles, comme un fait aussi certain que sa vie antérieure, et qu'il n'est pas possible de nier. Tous le disent : Jésus a *vécu* après la crucifixion ; il a enseigné, il a gouverné, il a donné des ordres, il a expliqué les écritures, il a insisté sur sa mission ; et cela pendant un temps plus ou moins long, que Luc, (*Actes*, I, 3) fixe à quarante jours ; mais que (Jean, XXI, 25,) suppose avoir été beaucoup plus long ; qu'une tradition des ophises porte à dix-huit mois ; que Marc ne fixe en rien ; et que Mathieu, qui ne dit rien de l'*Ascension*, laisse croire avoir été beaucoup plus long.

Si Mathieu a écrit, comme l'Église orthodoxe le suppose, dix ou douze ans après la Passion, il a écrit du vivant de Jésus ; aussi comprend-on qu'il ne dise rien de son ascension.

Où se retira Jésus après sa résurrection ?

En Galilée, où il fait dire à ses disciples de le venir trouver, ordre attesté par Mathieu et Marc, confirmé par Jean, qui raconte les apparitions sur le lac de Tibériade ; que Luc semble démentir, (xxiv, 47-49) : mais ce démenti s'explique, si l'on songe que Jésus ayant survécu, s'étant montré tour à tour à Jérusalem et en Galilée, a pu changer ses ordres ultérieurement. En effet, l'ordre donné par Jésus d'après Luc, est relatif à l'attente du Saint-Esprit. Mais cette descente de l'Esprit arriva plusieurs années après la passion. (Cf. *Act.*, i, 15 et suiv. et ii. suiv. ; 5 et suiv. l'histoire du remplacement de Judas, et de la descente du Saint-Esprit.)

Jésus s'est donc éloigné de Jérusalem, cela devait être ; il est allé en Galilée ; de là, probablement, à Antioche. C'est lui qui aura choisi ce centre.

Jésus parle de sa CROIX :

Qui non bajulat crucem suum, etc.

En ce qui concerne la mission des Gentils, Jésus ne se décide pas vite. Il a guéri le *Centurion*, la *Cananéa*, etc. ; mais (Math., x, 5) il recommande à ses apôtres de ne prêcher qu'aux Juifs, après sa mort (Luc, xxiv, 47); il ordonne de commencer par Jérusalem ; ailleurs, il conseille de se retirer, en Galilée ; enfin (Marc, xvi), il ordonne de prêcher à toutes les nations.

Il tenait donc à aller pas à pas.

Or, on peut remarquer que la propagande chez

les Gentils se dessine d'autant plus que les affaires de Judée se détraquent et font perdre l'espérance de sauver la nation.

C'est vers 47 ou 48 que Saul est élu pour l'Apostolat des nations ; c'est en 59 ou 58 qu'est tenu le concile de Jérusalem ; — en 61, Paul va à Rome, suivre son appel à César ; — en 62-64 est fixé le centre des opérations à Antioche.

Math., XIII. — Parabole du semeur; § 21, allusion aux persécutions. Cela est écrit sous l'inspiration du moment, et si c'est de Jésus, c'est d'une époque postérieure à la résurrection.

§ 24-30. — Défense de s'arracher la zizanie de peur d'arracher le mauvais grain. — Jésus divise le peuple.

§ 31 et 34. — Parabole du grain de sénevé; allusion au progrès de l'Évangile ; ce doit être du temps de la deuxième ou troisième paix, après la mort d'Hérode Agrippa.

§ 37-43. — Même chose.

§ 44. — Précepte de communauté. — Allusion aux *Agapes*, qui ne furent établies que plus tard, après la résurrection. — (Cf. l'histoire du jeune homme qui veut être parfait.)

Tout le chap. XIII paraît être une suite d'interpolations.

Paul ne commence à dogmatiser que vers 59. C'est alors qu'il fait scission avec Pierre ; jusque-là, il avait été assez bien contenu. A ce moment, la division éclate. — Jésus n'était plus là.

De 29 à 57-58, la propagande demeure fidèle à l'esprit de Jésus.

On reste dans les idées de morale, justice, charité ; on ne s'occupe que du royaume de Dieu ; on travaille à fonder un noyau puissant en Judée et Galilée, on s'adresse ensuite aux *Synagogues, à l'étranger*, etc. C'était tout simple : Outre le sentiment patriotique qui attachait Jésus à la conversion des pieux, il trouvait un territoire mieux préparé dans sa patrie. Qu'espérer des païens, livrés à toutes les fornications, superstitions, tyrannies ?

La suite a fait voir combien il était dans le vrai. Pendant les trente premières années, la propagande fut rapide, bornée presque aux seuls Juifs et à quelques néophytes. Mais l'élément judaïque épuisé, les Chrétiens radicalement séparés des Hébreux, il arriva une chose : les conversions diminuèrent, les Chrétiens se trouvèrent comprimés entre la haine judaïque et l'horreur païenne ; les persécutions commencèrent, le peuple Juif les maudit, Rome les méprisa, et les temps les plus mauvais commencèrent pour eux.

Comme à toutes les époques révolutionnaires, il y avait en Judée, Galilée, Syrie, Samarie, Égypte, Asie Mineure, une élite nombreuse, en grande partie formée de Juifs, plus quelques néophytes, qui fut bientôt gagnée. La masse resta réfractaire.

Si Jésus avait pu passer outre, et continuer librement sa mission, il eût entraîné la multitude ; alors l'initiation devenait formidable.

Lui mort, ou du moins supplicié, la mission dut se faire sourdement, sans éclat ; le travail fut beaucoup plus long, plus pénible, et les persécutions furent le lot des chrétiens. La complaisance de Pilate fut funeste ; le plan de Jésus, si grandiose, se trouva réduit fatalement ; du moins, son œuvre ne périt pas.

Une légende le fait apparaître à Rome, à Pierre, fuyant la persécution. — Il est peu probable qu'il ait fait un tel voyage. Son centre, après sa résurrection, fut Antioche, la Syrie et la Galilée [1].

Antioche, sur la frontière de Syrie, à 115 lieues environ au nord de Jérusalem, sur l'*Oronte*, 36 degrés, 15 minutes de latitude nord, près du golfe d'Issus. De cette ville, on rayonnait par mer avec la plus grande facilité sur toute la côte d'Asie,

---

(1) Voir la carte, position de cette ville.

depuis la Crète, Carpathes, Rhodes, jusqu'à la Pentapole, par la Lycie, la Pamphilice, la Cilicie, la Syrie, Chypre, la Galilée, la Samarie, la Judée, l'Idumée, et l'Égypte.

Les facilités de la navigation expliquent la promptitude de la propagande. Grecs, Juifs, Syriens, Égyptiens, etc., étaient pêle-mêle. Toute cette région paraît avoir été laissée aux Apôtres. Paul, après la séparation de Barnabé, franchit cette limite, et fait la seconde tournée en Lydie, Phrygie, Troade, Archipel, Grèce et Macédoine, l'an 56 à 61.

L'Épître aux Romains est incontestablement antérieure au premier voyage de Paul à Rome; antérieure par conséquent à l'an 61. Quelques-uns prétendent qu'elle fut écrite à Corinthe, lors de la deuxième tournée de Paul, conséquemment, après l'an 57-58, assigné comme date du concile de Jérusalem.

La scission de Paul avec Pierre y est prononcée, mais moins énergiquement que dans l'épître aux Galates. — Jésus n'est plus là ! Paul se donne carrière.

VI. Résurrection. — A partir de l'an 29, la foi à Jésus est fondée sur sa *résurrection*. Sans doute on n'eût pas rejeté sa morale; mais elle empruntait, ainsi que sa doctrine, toute son autorité de son nom.

Puis, quel argument en faveur de l'opinion de la fin prochaine du monde !

Les quatre Évangélistes concluent à la résurrection, bien que deux, Marc et Luc, donnent à entendre que le corps de Jésus était transformé ; et qu'ils citent ses *manifestations* ou *apparitions* comme des phénomènes spirituels.

Aux *Actes*, Pierre s'appuie sur le fait de la résurrection [1].

On ne parle que de la résurrection [2].

La première Épître aux Corinthiens est tout entière consacrée à expliquer le fait de la résurrection.

En étudiant ce chapitre, on voit que non seulement les Apôtres étaient fortement convaincus, mais que cinq à six cents personnes prétendaient l'avoir vu ; que, de plus, ils l'avaient vu, non tel qu'il était en vie, mais comme un *ombre*, un *revenant*.

Il y a eu certainement des scènes d'exhibition ; ce qui me fait pencher de plus en plus vers cette opinion que Jésus ne mourut pas de son supplice ; et que, plus tard, il joua le rôle de *revenant*.

---

[1] II, 24, 32; III, 15; IV; 2, V, 30; VII, 55; IX, X, 41, 30; XIII, 30, etc.

[2] Rom., I, 4 ; VI, 9, etc.

Notre époque n'a rien de comparable en fait de mystification. Que penser d'un homme, qui, après s'être donné faussement pour *Messie, Fils de Dieu*, etc., après avoir reçu le démenti du crucifiement, sauvé du supplice, s'arrange ensuite pour jouer un étrange rôle ?

S'il avait eu la conscience de son action, il faudrait dire que ce fut le plus monstrueux des scélérats ; cent fois plus horrible que Juda, Néron, Mahomet, et tous les imposteurs.

Mais il y a une ressource à cette extrémité : Jésus lui-même dut *se croire ressuscité*. En effet, il était revenu de loin.

Beaucoup de choses attribuées à Jésus semblent en effet être de lui, mais ne peuvent avoir été dites qu'après la *Résurrection*.

1° *Allez, enseignez, toutes les nations...*
2° *Que celui qui n'écoute pas l'Église*, etc.
3° Le mot d'*Église* lui-même.
4° La constitution ecclésiastique.
5° *Porter sa croix*, et me suivre.
6° Les *persécutions*.

Quatre persécutions de la part des Juifs ; en 29, en 34, en 43 et en 62.

Les Juifs détruits, les persécutions recommencées

de la part des Romains, sous Néron, Domitien, Adrien, Trajan, Marc-Aurèle, Sévère, Dèce, Valérien, Aurélien, Dioclétien et Julien.

7° Conduite à tenir en cas de poursuite et d'arrestation.

(C'est bien la plus sage de toutes.)

8° Allusion aux massacres des *Galiléens ?*

9° Le *Paraclet*. Qui c'est ?

10° Explication sur l'*utilité* de la *mort* et du départ de Jésus.

11° Prédiction et paraboles, relatives à la rapidité de la propagande évangélique.

12° Nécessité de multiplier les *ouvriers* de la vigne.

Toutes ces choses, bien examinées, nous font voir Jésus vivant, parlant et agissant *après* sa passion.

VII. S'IL EST MORT SUR LA CROIX. —J'ai développé les raisons de croire que Jésus ne mourut pas de son supplice. Ce qui ajoute à ces probabilités est la considération de l'obscurité dans laquelle vécut la secte, et de l'oubli où tomba Jésus lui-même, en dehors du cercle de ses disciples.

De l'an 29 à l'an 56, qui fut celui où les Apôtres tinrent conseil à Jérusalem, il s'est écoulé vingt-sept ans, pendant lesquels on ne sait presque rien de la secte, qui sans doute ne se montra guère.

On peut donc supposer que, dans cet intervalle, Jésus, qui n'était pas mort, revit ses principaux disciples, qu'il dirigea secrètement la société chrétienne, laquelle ne fit que peu de progrès, en raison même de la gêne qu'éprouvait son auteur ; que l'œuvre de réforme religieuse et morale fut ainsi consolidée selon les données primitives ; que ce ne fut qu'après la destruction de Jérusalem que Jésus devint définitivement *Messie;* alors il était mort ; que l'on pourrait fixer sa mort à l'époque du *concile*, puisque ce fut l'acte d'inauguration du gouvernement apostolique ; que Jésus ne se révéla pas à Paul, personnage dangereux que l'on ne fut pas fâché d'envoyer avec Barnabé, vers les Gentils ; que la manière extraordinaire dont Jésus échappa à la mort de la croix peut fort bien passer pour une résurrection, qu'une des probabilités de cette continuation de la vie de Jésus et de son action dérive de la conservation de ses discours, si bien recueillis, ce qui suppose qu'il les aurait répétés, etc.[1].

Il en résulte que, dès avant l'an 60, on avait commencé à écrire les dits de Jésus ; que chacun avait son évangile, Paul le sien, Pierre le sien ;

---

(1) *Actes*. Ep. aux Galates ; — PROUDHON. *Bible annotée* (Chronologie).

qu'en l'année 58, 59 ou 60, eut lieu le grand débat relatif, non seulement aux Gentils, mais à la direction de l'Église chrétienne, ce qui suppose un événement qui aurait mis les ambitions aux prises. Cet événement est pour moi la mort réelle, ou disparition définitive de Jésus, arrivée vers cette époque[1].

Le *surnom* de *chrétiens* donné pour la première fois aux disciples de Jésus est un événement que l'on ne peut pas placer, selon moi, avant l'an 51, 52 ou 53, peut-être 58 même, car ce surnom fut donné à la suite de la prédication de *Paul* et de *Barnabé* à Antioche, etc., laquelle embrasse, pour le premier du moins, un laps de plus de dix ans.

VIII. Sommaire chronologique, indispensable pour l'intelligence *du progrès* de la secte chrétienne.

Prédication de Jean, au commencement de l'an 28, avant la Pâque.

Janvier-mars 28

Jésus va, avec quelques amis, déjà ses disciples, se faire baptiser.

---

(1) *Act.*, xi, v, 24.

Arrestation de Jean, par ordre d'Hérode, avant la Pâque. 28

Jésus se retire en Galilée et commence sa mission, avril-octobre.

Départ pour la Judée. 28

Il est arrêté et mis à mort, l'année suivante, seizième de Tibère, sous le consulat des deux Géminus 29

Toute la partie de l'histoire des Chrétiens, ou plutôt des Nazaréens, devient ensuite fort obscure. Ils se dispersent, rentrent chacun chez eux et se cachent. Les persécutions se succèdent contre eux ; la première fut celle qui amena le supplice du maître Jésus.

Jésus mort, il se passe *quarante jours*, avant l'ascension.

Ces quarante jours sont un nombre cabalistique. On peut les prendre pour quarante ans, comme pour quarante mois. Cela veut dire, dans l'hypothèse qui fait survivre Jésus au supplice de la croix, que Jésus gouverna son église, après sa résurrection, pendant un temps illimité, au bout duquel la direction passa aux Apôtres, et nommément à Pierre.

La concurrence de Paul, l'insistance avec laquelle les évangélistes le désignent comme chef de l'église, donnent lieu de penser que sa nomination, par

Jésus, dut avoir lieu longtemps après la résurrection . . . . (?)

Tout à coup, la secte fait un mouvement. Discours de Pierre, pour le remplacement du traître Judas; *in diebus illis:* quand? On ne le sait pas. (?)

Descente du *Saint-Esprit*, un jour de Pentecôte. Ce ne fut pas naturellement l'année 29. Discours de Pierre aux Juifs; il prêche la *pénitence*, et affirme, suivant *Luc* qui n'y était pas, la résurrection.

Premier ralliement, conversions nombreuses, vie commune, agapes. L'auteur ajoute : *perseverabant*. Combien cela dure-t-il ? . . . . (?)

On ne le sait pas.

Mouvements en Samarie 34

Pierre recommence à faire des miracles : la persécution recommence, c'est la seconde. Toutefois elle se borne d'aller à de simples menaces.

Histoire d'*Ananias* et *Saphira*. Les Apôtres n'obéissent pas à l'ordre des Prêtres; Pierre est arrêté; puis délivré par un ange. — Délibération solennelle des Sanhédrins à cet égard. Quand?(?)

Election des sept diacres. Arrestation et lapidation d'Etienne. Pour sortir du doute, plaçons cet événement vers l'an. 36

Ce qui nous y autorise, ce sont les mouvements

des Samaritains qui arrivèrent notoirement l'an 34, et dont le caractère messianique est incontestable. Alors, dit l'auteur des *Actes*, parut Simon le Mage, qui fut converti par Philippe ; alors aussi le conseil apostolique, qui était à Jérusalem, envoie en Galilée Pierre et Jean. 36

Conversion de l'Eunuque de la reine Caudas ?...

Observons que les faits sont transposés et intervertis dans les *Actes*.

Ainsi, le docteur Gamatiel, que l'on fait intervenir dans le concile tenu à l'égard des Nazaréens lors de leur première réapparition, parle de *Theudas*, faux Messie, qui ne parut qu'en 45. Nous avons donc le droit de redresser le récit de Luc, quand il y a lieu.

De la mort d'Etienne et de la conversion de l'Eunuque par Philippe, l'auteur des *Actes* passe sans transition à la conversion de Paul.

Mais si Paul n'était qu'un jeune homme, *adolescens*, au supplice d'Etienne, et si, le jour de sa conversion, il était devenu un homme, chargé d'un mandat politique, il ne peut pas s'être passé moins d'une dizaine d'années, entre le supplice d'Etienne et l'événement de Damas. Il fallait trente ans au moins à un Juif, pour qu'il pût exercer certaines charges. Luc, disciple de Paul, rapporte, *grosso modo*, ce qui s'est passé en dehors de l'action de son maître. Il faut donc ajourner cet événement.

Cette transposition semble du reste n'être pas sans dessein.

Luc a voulu réserver à son maître la mission des Gentils : comment cela eût-il été possible, si la conversion n'avait eu lieu avant les événements qui suivent?

Paix de l'église vers l'an. 37

Elle paraît avoir été la suite de la disgrâce de Pilate, rappelé en 36, et accusé auprès de Tibère ; de celle de Caïphas destitué du pontificat la même année et des tribulations du jeune Hérode Agrippa, frère d'Hérodiade, d'abord sans ressource, puis mis en prison, et enfin rétabli dans la dignité royale par Caligula. 38

Pierre entreprend divers voyages à Lydda, Joppet, Césarée.

On suppose qu'il vint à Antioche, et qu'il y établit son siège.

Conversion du centurion Cornélius. L'Évangile est annoncé aux Gentils. Guérisons et résurrection[1]. . . . . 38 ou 39

De retour à Jérusalem, cette mission aux Gentils devient pour Pierre un sujet de reproche[2]. 39

---

(1) *Act.*, x.
(2) *Act.*, xi.

Disgrâce d'Hérode Antipas. 39

Exil de Pilate. 40

Ces faits exaltent le zèle des chrétiens, qui y voient le doigt de Dieu, s'organisent et nomment Jacques, *frère* de Jésus, premier évêque de Jérusalem.

Ici, nouvelle transposition ou anachronisme calculé des *Actes*.

Pierre revenu de sa mission aux Gentils et sa conduite approuvée, Barnabas est envoyé à Antioche pour le même objet. 40

C'est alors que Luc lui donne pour associé Paul, qui était à Tarsus, sa patrie, et qui vint à Antioche pour travailler avec lui. Possible, que, dans la suite, Paul et Barnabé se soient rencontrés à Antioche ; mais ils n'ont pu s'y rencontrer cette année, comme on va voir.

Avènement de *Claude*. — Hérode Agrippa, dernier de la race des Asmonéens, en faveur auprès de lui, reçoit en supplément d'états, la Judée, la Samarie et l'Abylène.

Cette politique s'explique, Agrippa était aimé des Juifs. 41

Mais précisément parce qu'Agrippa plaisait aux Juifs, d'ailleurs comme héritier du représentant de la famille d'Hérode et de celle des Asmonéens, ils ne pouvaient tolérer la secte chrétienne.

La persécution recommença donc vers l'an 42

Elle fut signalée entre autres par la mort de *Jacques*, frère de Jean, que fit exécuter le pontife Ananus. C'est la *troisième*.

A cette époque (42), Paul, qui était un adolescent à la mort d'Etienne (36), pouvait être devenu un homme. Donnons-lui la trentaine. Il obtient un mandat du grand prêtre Ananus pour poursuivre les chrétiens dans les Etats d'Agrippa.

Combien de temps fut-il persécuteur ? Ecartant le miracle, nous disons : jusqu'au moment où l'expérience, les événements, la réflexion l'eurent convaincu, comme Gamatiel son maître, qu'il faisait fausse route.

Pierre, arrêté, est délivré par un ange.

Mort subite d'Agrippa, selon Munck. . 44

Cette mort anéantit les espérances des Hérodiens, qui regardaient les Hérodes comme des Messies ; elle fut pour ces Juifs une calamité ; les chrétiens y virent une vengeance du ciel. Agrippa fut remplacé par un gouverneur romain Fadus.

La nationalité juive put se regarder comme perdue.

Apparition et mise à mort de *Theudas*, faux Messie 45

Il y a lieu de croire qu'à ce moment la persécution commencée par Agrippa se ralentit; ces tristes événements durent agir sur l'esprit de Paul; la modération et les conseils de son maître Gamatiel durent le frapper; il s'instruisit plus à fond sur la religion de Jésus, il quitta Damas, où la *grâce* vint le visiter, et se tint pendant trois ans à l'écart, en Arabie.

Je place donc à l'année 44 la conversion de Paul.

Retour de Paul après sa retraite de trois ans : il va à Jérusalem s'aboucher avec *Pierre* et *Jacques*, frère de Jésus. 48

Il en repart bientôt pour la Silésie et la Syrie.

La Judée est réduite en province romaine : dernier coup porté aux espérances messianiques. 49

Troubles et massacres en Samarie, Galilée et à Jérusalem. La nationalité judaïque, exaltée par le fanatisme, se révolte, confirmation de la doctrine et de la politique de Jésus. . . . 52

A cette époque Paul se trouvait à Damas. Une décision de la communauté nazaréenne le fait choisir avec Barnabé pour l'*apostolat des Gentils* [1]. C'est de ce moment que date sa confraternité avec

---

(1) *Act.*, XIII.

cet apôtre ; elle ne dura pas longtemps (Action de Jésus).

C'est aussi vers cette époque que, d'après les *Actes*, les disciples de Jésus reçurent le nom de *Chrétiens*, soit qu'il leur ait été donné par dérision par les Juifs et les Gentils, soit que, continuant la pensée du fondateur, ils l'aient pris d'eux-mêmes, pour témoigner de plus en plus de leur opposition au messianisme juif.

Le royaume du tétrarque Philippe est donné au jeune Agrippa, qui, dans l'affaire des troubles, portée à l'empereur, s'était prononcé contre les Samaritains. Haine de famille.

Avènement de Néron. 54

Tournée de Paul et Barnabé. — Ils visitent Séleucie, l'île de Chypre, Pergé de Pamphylie, où Marc les quitte pour aller à Jérusalem. De Pergé, ils vont à Antioche de Pésidie, où les Juifs les reçoivent mal ; de là, ils parcourent Icone, la Lycaonie, reviennent à Antioche[1] et en Pamphylie, et viennent se reposer à Antioche de Cilicie, d'où ils étaient partis ; et y séjournèrent assez longtemps[2].

---

(1) Antioche était, à défaut de Jérusalem, le centre de la nouvelle religion, bien longtemps avant la conversion du persécuteur Saul. Elle était donc sous l'influence de Pierre, Jacques, Saint-Jean ; Saul n'y était qu'un auxiliaire.

(2) *Act.*, xiv, 27. Epoque probable de la mort de Jésus.

Portons le temps de la tournée de Paul et Barnabé et de leur séjour à Antioche, à trois ans, nous arrivons à l'an. 57

Question de la circoncision : Paul et Barnabé vont rendre raison de leur conduite à Jérusalem. L'apostolat des Gentils est confirmé, quatorze ans après la conversion de Paul 57

Là, suivant Paul, furent collationnés les *Évangiles*, celui de Pierre et le sien.

Après un séjour de quelques jours à Antioche, Paul propose à Barnabé de faire une nouvelle mission. Celui-ci demande à s'adjoindre Jean, dit Marc, le même qu'on suppose être l'Évangéliste; sur le refus de Paul, les deux Apôtres se séparent et chacun va de son côté, Barnabé avec Marc en Chypre, Paul et Silas en Syrie et Cilicie.

Les Juifs perdent leur droit de cité ; ce qui les anime davantage contre les chrétiens. . 57

Tournée de Paul et de Silas ; elle dure deux ans au moins 58

Ils parcourent la Syrie, la Cilicie, la Phrygie, la Lydie, vont à Athènes, retournent à Thessalonique, reviennent à Corinthe, passent à Ephèse, visitent la Macédoine ; et après quelques allées et venues se rendent à Jérusalem, où ils arrivent en 59

Disputes de Paul avec les Pharisiens; il est placé

sous la garde d'un tribun, et reste, selon les *Actes*, deux ans en surveillance à ses frais, jusqu'à son départ pour Rome (*octobre*)[1] 61

Jacques, frère de Jésus, évêque de Jérusalem, est mis à mort par le Pontife Ananus, quatrième persécution. 62

Pendant sa captivité de Jérusalem, Paul commence à écrire ses épîtres, dont les deux plus anciennes paraissent être la 1re aux Corinthiens, et celle aux Galates 59

On dit qu'il eut une entrevue avec Néron.

Arrivé à Rome, il reste deux ans encore, selon les *Actes*, sous la garde de son tribun et écrit plusieurs lettres.

Paul est mis en liberté. 63
Il recommence ses voyages. . . . 63-66

Les malheurs de la Judée ne font que s'accroître, par la rapacité des gouverneurs et la tyrannie des pontifes. 62-65

Incendie de Rome par Néron : supplice des Chrétiens 64

Cinquième persécution ou première des Romains.

Commencement de la guerre de Judée : elle dure quatre ans 66

---

(1) *Act.*, 22, 28.

Mort de Pierre et Paul. 67
Prise de Jérusalem 70

La nationalité détruite, le messianisme devient définitivement la propriété des Chrétiens.

En réfléchissant sur cette chronologie, on se convainc, d'abord, que la secte garda un silence profond, jusque vers l'an 34 ou 36 où les apôtres semblent se réveiller de leur torpeur.

Que pendant les *quarante jours*, c'est-à-dire pendant le temps indéfini qui s'écoula entre la *résurrection* et la *pentecôte*, des conciliabules secrets furent tenus, des résolutions prises, un dessein formé.

Que Jésus, en personne, ou son ombre, son spectre, y assista.

Que ce premier essai de manifestation fût bien vite refoulé par une persécution nouvelle dont la principale victime fut Etienne.

Que la paix revint ensuite, se prolongea pendant quelques années, et que la secte en profita notamment pour fonder à Antioche un centre d'opérations hors de la portée du sacerdoce, et destiné à la conversion des Gentils.

Que la persécution recommença (la troisième), sous Agrippa, en 42, eut pour agent le plus énergique, Saül, et pour martyr, Jacques frère de Jean.

Mais que la mort d'Agrippa rétablit de nouveau les affaires, et qu'un des fruits de cette paix fut la conversion de Saül, dont la vocation se déclara trois ans plus tard, vers 47.

Cependant la question de la vocation des gentils reste toujours délicate, il faut révélations sur révélations, miracles sur miracles, pour la légitimer. Après l'avoir confiée à Barnabé, Cypriote, on lui adjoint Paul, un compromis, un renégat. Enfin, une décision solennelle est rendue vers l'an 57 ou 58, quand les affaires de Judée sont en déconfiture, que la nation est déchue, et le sacerdoce parvenu au comble de la haine des peuples.

Cependant, grâce à l'influence du jeune Agrippa, il y a encore des violences; le frère de Jésus est mis à mort en 62, et Paul ne s'arrache à la fureur des Juifs qu'en appelant à César.

En arrivant à Rome, Paul y trouva des Chrétiens : là aussi, il ne fut qu'un auxiliaire ; l'initiative ne lui appartient pas.

Une direction secrète, supérieure, préside à tous ces mouvements; la pensée de Pierre, Jacques et Jean est dominante; la personnalité de Jésus est pour ainsi dire maintenue dans l'Episcopat de son frère Jacques; n'est-ce point assez pour que l'on soit en droit de supposer que le maître n'était pas loin?

Quand mourut Jésus ? On ne le peut pas dire. Ce qui est au moins évident, c'est que son *Esprit* resta présent avec ses disciples, au moins jusqu'à l'an 70 qui amena la ruine de Jérusalem ; c'est qu'il n'eut garde de se montrer à Paul, personnalité indomptable ; c'est que, dans une position aussi délicate, il lui importait de ne se laisser voir à personne. Qui peut dire qu'il ne soit pas venu à Rome, de même qu'à Antioche, etc. ? C'est lui qui décide *l'affaire* des *Gentils*, qui la conduit lentement, avec prudence, évitant le scandale, ménageant les susceptibilités, conciliant les choses. C'est lui qui aura décidé l'acceptation du nom de *Chrétiens*. C'est lui qui tient les chrétiens à l'écart et leur ménage l'appui de Rome, ou au moins sa tolérance ; c'est lui qui résiste à l'influence de Paul, à sa gnose subtile, en maintenant la prépondérance de la charité et de la morale sur la foi.

Nul autre que Jésus ne pouvait ménager les transitions, tirer parti des événements, soutenir une doctrine jusque-là incomprise, et qui fut plus tard, et malgré ses efforts, si promptement défigurée.

Quel intérêt aurait eu Joseph d'Arimathie à faire disparaître un cadavre qu'il possédait dans sa propriété? Avait-il fait un plan d'imposture? Non, non.

Au contraire, de même que tout, dans les récits de la Passion, concourt à faire croire que Jésus ne mourut pas sur la croix, tout, dans ce qui a suivi, concourt à faire penser que Jésus, après son sacrifice, a lui-même continué son œuvre.

Sans lui elle serait tombée *à plat*. Ce n'est ni Pierre, ni Jacques, ni Jean, qui l'eussent soutenue.

Mais supposez que par une fortune providentielle il ne soit pas mort, et voyez ce qui a dû s'en suivre, et quelle conduite il a dû tenir.

1° Silence absolu.

2° Le corps absent, le bruit d'une résurrection se répand : nécessité de se taire sur une question pareille ; on se contente de dire, métaphysiquement, qu'il en est *revenu*. — Point de supercherie là ; d'ailleurs, les apôtres, qui ne l'ont pas vu, ne parlent que d'*apparitions* d'esprit.

3° Nécessité plus grande encore de ne pas se montrer ; les Juifs et les Romains ne s'en fussent point laissé imposer, et une seconde arrestation eût été d'un effet épouvantable.

4° Obligé de se dérober, et de se taire sur le fait de sa *résurrection*, quelle conduite tenir ensuite ?

Organiser un conseil secret, dicter aux apôtres ce qu'ils avaient à faire, diriger les communautés naissantes, inspirer la nouvelle propagande, en la plaçant sous l'invocation de Jésus de Nazareth, *prophète, homme de Dieu, ressuscité.*

Continuer à dire que le *messianisme* véritable est sa doctrine, et par là sauver les fidèles des entraînements des Theudas et autres ; les préserver de la contagion des zélotes ; mépriser l'idolâtrie hérodienne, famille intruse sans espérance ; se tenir à l'écart des insurrections et des guerres civiles ; enfin, quand arriverait la grande guerre, les soustraire à la vengeance également redoutable des Romains et des Juifs.

Tout cela fut prévu, calculé, et accompli ; encore une fois, ce n'est ni Pierre, ni Jacques, ni Jean, qui eussent mené pareille affaire.

Bien plus difficile était la conduite à tenir avec Paul.

Cet ancien persécuteur, devenu chrétien, se montrait aussi intraitable avec les Juifs. On ne pouvait le désavouer ; sa puissance était grande, son zèle utile, sa bonne foi sincère autant que son humeur acariâtre. Il était sujet à contradiction, lui qui, dans son épître aux Galates, reprochant si violemment à Pierre de retenir la circoncision, fit *circoncire son disciple Timothée* [1].

---

(1) *Act.*, xvi.

J'ai dit déjà que Jésus n'avait sûrement pas été étranger à la rédaction des Évangiles.

En 57, au concile de Jérusalem, Pierre et Paul avaient collationné leurs évangiles. Sans doute que chacun d'eux avait ajouté du sien à ce qu'il avait recueilli de Jésus. Or, comment, en 57, aurait-on eu des documents sur la mission du Galiléen, si Jésus n'avait vécu parmi les siens qu'une seule année ? Est-ce que l'on retient de mémoire tant de choses, et si mal comprises ? Il faut bien qu'il y ait eu un auteur primitif qui a reproduit les choses.

Nota. — Que Marc, réellement mort, suivant Jérôme, en 64 (la huitième de Néron) à Alexandrie où il s'était retiré après sa mission avec Barnabé en 57, est le plus bref des Évangiles, celui qui donne le moins de discours, de préceptes, et de paraboles. D'un côté il n'avait pas vu le maître avant la passion ; de l'autre, il avait été éloigné, après, de l'inspiration directe, et n'avait obtenu, comme Paul, que des renseignements de seconde main.

La rapidité de la propagande nazaréenne, après la mort de Jésus, est un argument de plus en faveur de sa présence.

Rien ne se fait avec bruit ; le travail s'accomplit comme sous terre, il marche sans relâche, s'étend en Galilée, Samarie, Syrie, puis de là dans l'Asie

Mineure, les îles et la Grèce. Moins de quarante ans après la mort de Jésus, il était à Rome. — Une fois toutes ces communautés fondées, affiliées, il devenait indestructible.

Or, autant il est difficile de concevoir la conservation de ce germe, dans le cas d'une mort de Jésus, autant on concevrait peu son développement en son absence. — Lui seul a pu sauver son œuvre, tuée en sa personne au Golgotha ; lui seul a pu lui donner l'accroissement, après la dispersion du troupeau.

C'est ici que M. Renan a surtout fait fausse route en ne discernant pas, dans ces choses, ce qui est de l'initiative individuelle, et ce qui est de l'influence collective. Pour moi, l'action de Jésus n'est pas moins nécessaire après sa mort putative qu'elle ne l'était avant.

Est-ce que Pierre ou Jean auraient su tenir ferme devant ce débordement de sectes et de gnoses, devant un Simon le Mage, un Paul, un Apollo, un Nicolaïn, un Cérinthe, un Ebion, etc.?

La pensée fondamentale de Jésus a triomphé de tout : or, jusqu'à la résurrection, elle n'a pas été comprise ; plus tard, après la ruine de Jérusalem, elle a été altérée et exagérée ; donc, de l'an 29 à l'an 70, il était là.

L'ÉGLISE ET LA RELIGION*

I

APOSTOLAT*

M. Renan a prouvé par son livre qu'il n'a rien compris à la mission de Jésus ; il n'a pas même en lui ce qu'il faut pour en sentir l'esprit ; il n'a ni le sens religieux, ni le sens moral nécessaire. S'il a cru jamais à la religion, c'est à la manière des enfants qui croient sur parole, non comme les personnes raisonnables et vraiment pieuses, qui croient à la fois par le cœur et par la raison.

Je résume ainsi l'initiation de Jésus, comme son œuvre propre et personnelle.

1° Jésus a conçu Dieu comme *Père*, chef actif de la famille humanitaire : et par là il a changé l'esprit et le sens de la religion.

Sans doute on trouve le nom de père donné à

Dieu et aux dieux, avant Jésus-Christ. Jupiter est père des hommes et des dieux. Mais ce sentiment est un des attributs de la divinité, comme tant d'autres, et n'a pas de conséquence. Les *dieux* du paganisme étaient peu bienveillants [1]. Le Jéhovah était un époux et un maître avec qui Israël était fiancé ; — la religion du Pharisien n'avait rien du sentiment de famille.

2° Ce premier changement dans la notion religieuse et dans le sentiment religieux opéré, Jésus a fait une chose plus décisive encore et qu'on ne découvre guère avant lui ; il a fondu ensemble et identifié la *religion* et la *morale*, deux choses auparavant radicalement disjointes, bien que la *crainte des dieux* fut donnée comme la sanction des obligations humaines.

Par cette fusion intime, Jésus a donné un surcroît d'intensité au sens religieux et au sens moral ; il a pu renouveler les consciences, et rendre le salut de la civilisation possible. Sans lui, l'ancien monde aurait vécu dans une corruption interminable, comme une Chine abominable. Ce *statu quo* dans l'immoralité aurait été invincible.

3° La religion et la morale ainsi renouvelées et

---

(1) Cf. le livre de la *Némésis* de M. Tournier.

fondues ensemble, Jésus a organisé la famille religieuse sous le nom d'Église ; homme de pratique autant que de doctrine et de sentiment, il ne s'est pas contenté de prêcher, d'enseigner la *piété* envers Dieu et envers les hommes, de faire aimer Dieu comme un père, et les hommes comme des frères ; il a fondu une société de *croyants* et de *pratiquants*, d'hommes ayant, comme il dit, la *foi* et la *charité*, se distinguant des autres et formant une société secrète ou publique, selon les lieux et les circonstances. A cette société il a donné le nom d'Église, qui signifie le groupe des appelés, la *vocation*.

Aucune idée ne porte de fruit si elle ne se concrète dans le fait. L'Église se compose de l'ensemble des *fidèles*, tous égaux ; à leur tête sont des anciens, ou prêtres, présidés par un surveillant et assistés de frères servants d'un degré inférieur (portiers, etc.), prêtres, diacres. Telle est l'organisation de l'Église, famille religieuse, corps des *fidèles*.

4° L'Église organisée et hiérarchisée, Jésus lui a donné un rite dont les formes essentielles, élémentaires, sont : le *Baptême* ou initiation, la *Pénitence*, l'*Eucharistie*, l'*Imposition des mains*, l'*Onction des malades*, le *Repas en commun*, la *Prière, Lecture, Conférence* en commun, ou l'*Office*.

Il a appris aussi, chose rare avant lui et dont l'influence a été prodigieuse, la prière domestique ou en particulier.

Il est ridicule de dire, comme Renan, que Jésus a fondé une religion sans prêtres, sans cérémonies, etc. C'est tomber dans le néant, et prêter à un novateur, dont on ne saurait contester le génie et la profondeur, si on lui ôte la divinité, une pensée absurbe, en lui faisant faire une réforme sans *formes*, sans lois, sans détermination.

5° La famille religieuse constituée dans sa hiérarchie et dans son rite, Jésus a donné à la morale un caractère nouveau, quant aux principes et à la théorie. Pour lui, les préceptes de la morale, invariables de leur nature, ne sont pas tant conçus comme déduction de la *dignité* individuelle, à la manière du droit patricien, *du droit de l'homme*, comme nous disons aujourd'hui, ou de la Justice immanente, que comme un développement de l'esprit de famille, et du sentiment qui lui est propre. De là, la *charité* évangélique ; le *pardon des injures*, ou loi de réconciliation entre frères ; le titre de *frères* que se donnent les chrétiens ; l'*aumône*, ou compassion (*eleemosyna*); la visite des malades, prisonniers, etc.; les *bonnes œuvres*, etc. (cf. l'*Humanitas* de Sénèque; l'*Homosum* de Térence:

Jésus est en harmonie avec les sages de son temps).

6° Jésus est le fondateur de la *Vie ascétique* et de l'*Exercice* moral et *spirituel*, pressenti par Pythagore, et dont les actes principaux sont, avec le *travail des mains* et la *prière*, le *jeûne*, la *veille*, la *mortification de la chair*, la discipline de l'esprit et du cœur, l'*obéissance*, la *chasteté*, la *méditation*. C'est par là que Jésus, en opposition au cagotisme des pharisiens, a créé la *vie intérieure* et l'*affranchissement de l'âme*, jusque-là accablée sous la triple servitude de la chair, de l'orgueil, de la famille et de l'État. Je laisse de côté les fustigations, le régime cellulaire, la mendicité volontaire et toute autre exagération. Cette discipline mentale est d'une haute importance ; et, sauf modification, il faudra, au moins dans les établissements d'éducation, y revenir.

7° Comme dogme, Jésus a accepté ceux de son temps. La *Providence* et l'*Immortalité de l'âme*, des pensées et des récompenses, autrement dite *résurrection* de la chair, les bons, mauvais anges, etc. Il a conçu le mal, plutôt comme un effet du mauvais esprit que comme résultat d'une antique prévarication. En cela, il est plutôt avec les mages, qu'avec Paul. Mais on ne peut rien dire de certain à cet égard.

En même temps que la *Charité*, il a fait connaître la *Foi* et l'*Espérance*, deux mots qui rendent la même idée, c'est-à-dire la confiance en Dieu, en sa bonté et sa justice. Ce sont les vertus *théologales*, propres au chrétien et que l'on ne saurait trouver ni chez les Païens, ni chez les Juifs.

Il ne me paraît pas prouvé qu'il ait conçu nettement ni le dogme de la *Trinité*, encore moins celui du *Péché originel* et de la *Rédemption*, bien que par sa réforme religieuse et morale, il ait été le *sauveur* de la société et de la civilisation. La théorie de la *Grâce* appartient à Paul, mais il était difficile qu'elle ne se déduisît pas tôt ou tard de l'idée religieuse quelle qu'elle fut.

De l'ensemble de ces idées, il se déduit encore :

1° Que toutes les âmes sont égales devant Dieu ; qu'en conséquence tous les hommes étant frères en morale et religion, l'*esclavage* devra être tôt ou tard aboli ; et tous êtres faits *citoyens* d'une même Jérusalem. La tendance chrétienne, politique et sociale, est donc à l'égalité des biens et à la démocratie, toutefois Jésus ne décide rien sur ces choses ; il laisse de la marge, il est tolérant et s'en rapporte au temps ;

2° Avec l'égalité et la liberté politique, la religion

de Jésus implique l'abrogation des anciens cultes du Mosaïsme comme des autres, et leur remplacement par une religion unique et universelle.

D'après le témoignage des Évangiles, l'idée de prêcher l'Évangile aux *nations* ne lui fut pas étrangère ; cependant, il s'en tint à la Judée et à la Galilée, au *peuple de Dieu*, assassin des prophètes, et il se montra toujours observateur du culte de ses pères. La plupart de ses disciples, moins ardents, moins intolérants que Paul, firent comme lui. *Il n'éteignait pas*, disait-il, *la mèche qui fume encore.*

Tout cela, suivant moi, appartient bien à Jésus, et je ne vois pas comment on pourrait lui en contester l'initiative et la priorité.

Sa religion est essentiellement anti-fataliste, anti-matérialiste ; elle établit un pacte intime entre *Dieu* et l'*homme*, et fait celui-ci *héritier* de la terre, que Dieu a créée, et lui a donnée.

Il était inévitable, selon moi, que les théories de la *Trinité*, du *Péché originel*, de la *Grâce*, du *Paradis* et de l'*Enfer* entrassent dans la doctrine, et s'y développassent après Jésus. Mais le *Messianisme*, la *filiation davidique*, l'*incarnation*, la virginité de Marie, la *Médiation du Verbe*, la théorie du dogme, le sacrifice de l'*homme Dieu* me semblent être plutôt l'œuvre collective de la tradition et de la secte ; c'est la *mythologie* du christianisme, laquelle ne lui est, à mon sens, en aucune façon essentielle. J'en dis autant du *Millénarisme*, du *communisme*, de la nécessité d'un formulaire de foi, ou *orthodoxie;* ces spéculations, plus tard si bruyantes, ne sont point essentielles à la pensée de Jésus ; elles sont du *christianisme,* elles ne sont pas de l'Évangile.

Ainsi le point capital d'une étude sur Jésus et son œuvre, consiste à distinguer entre l'Évangile qui lui fut propre, et le Messianisme ou Christianisme qu'enseignèrent tous les autres, et qui finit par englober l'évangile du Galiléen lui-même.

Le mot *Évangile* signifiant *bonne nouvelle,* je reconnais volontiers qu'il y avait là une allusion secrète à la venue du Messie. Mais enfin le mot ne dit pas la chose ; il pouvait s'entendre d'une autre et si l'évangile de Jean, celui de Paul, d'autres évangiles encore furent messianistes, il pouvait s'en trouver un qui ne le fut pas, et tel a été précisément l'Évangile de Jésus, à tort dit Christ.

Il faut donc séparer soigneusement ce qui est de la tradition messianique, judaïque, pharisaïque, mosaïque, d'avec ce qui est de l'évangile galiléen et qui consiste dans les SEPT points fondamentaux définis ci-dessus. Ces *sept points* font l'originalité de Jésus et de son œuvre ; ils eurent ce grand mérite de soulever fort peu de disputes, tandis que les accessoires messianiques, le λογος, le messie, la Rédemption, le millénarisme, la Foi et l'orthodoxie, etc., furent les sources d'où coulèrent l'hérésie et ses discordes. Si les *chrétiens* s'étaient surtout inspirés de la pensée de Jésus et avaient négligé davantage la spéculation de Paul et des gnostiques, l'Église aurait vécu dans la paix et aurait conquis le monde. Jamais la morale chrétienne n'aurait eu à rougir des aberrations des Caïnites, Carpeccates, Adamites, etc., qui tous en oubliant le *Beati mundo corde* firent sortir de leurs gnoses les théories érotiques les plus monstrueuses.

Voilà ce que la méditation attentive, faite de bonne foi, me semble donner. Le christianisme est fini, l'évangile n'est point épuisé, et bien que la société moderne repose désormais sur le *Droit de l'homme*, bien que les principes de tolérance universelle nous affranchissent de tout culte, on peut dire néanmoins que l'esprit qui fonda l'Évangile ne s'éteindra jamais. La *fraternité* a été affirmée de nos jours, en même temps que la JUSTICE et l'égalité. Si le *Père* est oublié, la *famille* existe; si l'on ne *prie* plus guère, on *travaille* plus que jamais et, tôt ou tard, l'étude plus approfondie de la morale, le soin de l'*éducation*, et de notre dignité, l'économie politique elle-même nous ramèneront à l'*ascétisme*.

Période apostolique (29-100). — Le bon sens, la loi du cœur humain, la logique des situations, disent une chose :

Jésus-Christ avait ouvert une route toute nouvelle, en entreprenant la réforme des mœurs et de la religion.

C'était le *desideratum* du siècle, tous devaient s'y précipiter. Plus question de messies juifs, ni de messies païens, ni de l'alchimie d'Apollonius. Le monde entre en pleine *théologie*. Le début est un déisme, mais un déisme vivant, un Dieu qui communique avec les hommes, qui a ses traditions, ses envoyés, ses saints, son gouvernement, ses signes !...

Jésus-Christ avait innové avec un grand éclat et une grande popularité : son nom restait. Lui disparu, sa personne ne faisant ombrage à aucun, le plus simple était de se dire ses disciples. C'est ce que tout le monde fit à l'envi, Pierre, Jacques, Jean, d'abord ; Paul à son tour, puis Apollo, Cérinthe, Simon le mage et une foule d'autres.

Naturellement, les plus ambitieux, les plus spéculateurs devaient lui prêter beaucoup du leur.

De là, la querelle de Pierre, Jacques, Jean, contre Paul.

De là, l'appellation d'hérésie lancée contre Cérinthe, Nicolaïn, et consorts.

La vraie doctrine de Jésus est celle de Pierre, à laquelle Jean ajoute déjà par son λογος : Paul encore plus par sa *Grâce* ; le reste arrivera à fur et mesure.

Ces additions étaient toutes plus ou moins indispensables. Les dogmes s'attirent : la seule conception du Dieu chrétien, qui n'est pas celui de J.-J. Rousseau, un Dieu métaphysique, impliquait une foule de choses que Jésus n'avait point touchées, et auxquelles lui-même n'éprouvait guère le besoin de toucher.

Jésus-Christ voulut certainement une seule chose, la réforme morale et religieuse : il n'entrait pas dans son plan de traiter des affaires temporelles. Mais les mœurs et la religion changées, tout changeait, et le monde du dehors devenait feudataire de celui du dedans.

Le christianisme pouvait admettre le culte des idoles ; par exemple il dérangeait l'édifice social établi ; il n'y avait pas à s'en défendre. Aussi, est-il permis de douter que Jésus ait pu pousser la séparation des puissances aussi loin qu'on le fait aujourd'hui.

Toutefois, il restait que le Pape ne *supplantait pas l'empereur* : problème éternel, posé par Constantin.

II

LES ORIGINES

CAUSES DES DIFFÉRENCES, VARIATIONS ET CONTRADICTIONS, OBSERVÉES DANS LES QUATRE ÉVANGILES, ET DEMEURÉES INEXPLIQUÉES JUSQU'A CE JOUR [1].

Ces causes, qui ont mis à la torture l'esprit des commentateurs, et fait imaginer tant de systèmes, se résolvent en un seul mot, le *progrès* naturel de la pensée chrétienne et le mouvement de la conscience évangélique.

1° Dans Jésus lui-même : Jésus commença à prêcher quelque temps avant son baptême par Jean, en l'année 28 ; combien de temps prêcha-t-il avant cette rencontre? Six mois? Un an? Deux ans? On n'en sait rien. Après le baptême il prêche, mais non sans interruption, jusqu'à sa mort, arrivée, selon les trois premiers narrateurs, en l'an 29.

(1) Cf. *Revue germanique*, n°ˢ des 1ᵉʳ septembre et 1ᵉʳ novembre 1862.

Selon moi, Jésus échappé à la mort, non au supplice, continue d'exercer, quoique caché, invisible, une action sur l'Église, jusqu'à une époque qu'il est impossible de fixer, avec certitude, mais que j'ai placé, par une hypothèse plus ou moins motivée, près de l'année 56, dans laquelle eut lieu, autant que je puis le présumer, le concile des Apôtres à Jérusalem.

2° Progrès de la pensée chrétienne chez les apôtres, les disciples, malgré le respect qu'ils professaient pour la parole du maître, dont chacun prétendait s'étayer.

Le progrès de la pensée chrétienne, aussi bien chez le maître que chez les disciples, progrès nécessaire, inévitable d'après toutes les lois de la raison humaine et de l'évolution historique, a été surtout déterminé par les événements extérieurs qui intéressaient à un si haut degré la religion et les espérances judaïques.

Il suffit d'indiquer ici :

1° Doctrine particulière de Hillel et des Esseniens sur le Messie ;

2° Tentatives malheureuses de Theudas et de Juda le Gaulonite ;

3° Opposition entre les Israélites de la Galilée et ceux de la Judée ;

4° Impopularité du sacerdoce, des saducéens, et pharisiens ;

5° Domination de la race d'Hérode, iduméen et de Rome ;

6° Prédication de Jean ; elle décide Jésus à se faire baptiser par lui ;

7° Mort de Jean : elle oblige Jésus à se cacher et à s'entourer de précaution ;

8° Interpellations des pharisiens qui obligent Jésus à faire le voyage de Jérusalem (on veut à toute force que Jésus soit ou se dise *Messie*) ;

9° Arrestation et crucifiement de Jésus ;

10° Martyre d'Étienne ;

11° Persécution et mort d'Hérode Agrippa ;

12° Conversion de Paul et son apostolat ;

13° Questions qui se posent :

1° Des Gentils ;

2° De la circoncision et des viandes (Concile en l'an 56) ;

3° De l'abrogation du mosaïsme ;

4° De l'unité et du gouvernement de l'*Église ;*

5° Du Messie souffrant et *mis à mort ;*

6° Du Messie *ressuscité ;*

7° Du scandale de la Croix.

14° Exil de Pilate, Hérode, Hérodias, etc. ;

15° Persécution de Néron, martyre de Pierre et Paul ;

16° Mouvements et révoltes contre cet empereur ; sa mort ;

17° Guerre de Judée, ruine de Jérusalem, destruction de l'état Juif.

Question du deuxième avènement.

18° Persécution nouvelle sous Domitien ; le christianisme qui d'abord avait espéré pouvoir se rendre les Césars favorables, ainsi qu'en témoignent les propres paroles de Jésus et de Paul, se brouille décidément avec l'empire ;

19° Dernière guerre de Judée sous Adrien Bar-Coziba ;

20° L'Évangile, juif d'origine, populaire, en contact avec la philosophie et la civilisation gréco-latine (paroles de Paul à Athènes) Évangile platonique de saint Jean, élimination de la plupart des évangiles, superstitieux, burlesques, et choix des *quatre*.

Il ressort de cette simple table que la conscience religieuse en Jésus, à plus forte raison dans ses disciples, dut éprouver des soubresauts, subir des influences, concevoir des pensées nouvelles, subir des transformations qui devaient se traduire dans le discours et quelquefois, souvent, la jeter dans des perplexités et des contradictions.

C'est ce qui éclate dans les quatre évangiles canoniques, et qui s'explique d'autant mieux qu'entre la rédaction finale de ces quatre évangiles, vers l'an 130 ou 135 (Strauss), 150 peut-être, et Jésus, il y eut une série d'intermédiaires que la parole du maître, ou du moins celle qu'on lui attribue, ne traversa certainement pas sans modification.

1° Jésus : première mission, ou mission publique, an 27-29 ;

2° *Le même*, direction occulte (29-56) ; il a dû se modifier, il l'avait fait déjà dans sa mission publique ;

3° Les apôtres et disciples immédiats ;

4° La tradition orale ;

5° Les relations écrites, fragmentaires ;

6° Les quatre évangiles, adoptés par les églises, à l'exclusion des quarante-huit apocryphes, réputés les uns pour trop absurdes, les autres suspects ; ceux-ci comme ne contenant rien d'essentiel, par conséquent inutiles ; ceux-là comme puérils, d'une superstition par trop barbare, choquant le goût civilisé.

Autant la philosophie, science profane, est fondée à nier *à priori* toute révélation surnaturelle et tout miracle, autant elle est autorisée à affirmer que toute idée révolutionnaire va du simple au composé, s'augmentant à fur et mesure, sous l'influence des événements et la pression de la critique.

Ainsi, Jésus est influencé, modifié : 1° par la prédication de Jean ; 2° par son martyre ; 3° par l'incrédulité de ses compatriotes ; 4° par la considération des samaritains et des gentils ; 5° par l'obstination populaire à la croyance messianique ; 6° par les interpellations pressantes des juifs.

Le premier enseignement de Jésus a été bien saisi par Renan ; cet enseignement s'assombrit ensuite sous l'influence de Jean le pénitentiaire, puis Jésus sent la nécessité de se mettre en règle avec les puissances, et c'est alors qu'il cherche à s'abriter sous la protection de Rome, en poursuivant de ses sarcasmes Hérode et les prêtres et les sectes. De cette idée à celle d'une mission chez les gentils, il n'y avait qu'un pas : il est probable que Jésus en eut l'idée, qu'il la laissa entrevoir ; pourtant il sentait que le moment n'était pas venu, et qu'il devait se renfermer dans l'apostolat d'Israël. Enfin, c'est forcé dans ses retranchements qu'il accepte la qualification équivoque de Messie, au moyen de laquelle, s'il réussissait à désabuser et entraîner le peuple, il ruinait sans ressource le pharisaïsme et le sacerdoce.

La conception d'un Messie, persécuté et souffrant,

revenait alors naturelle et logique ; toute révolution sociale rencontre à ses débuts opposition et proscription.

Jésus crucifié, le martyre messianique qui, de nos jours, serait demeuré à l'état de fait historique, de vérité, d'expérience et de conclusion rationnelle, devient un dogme religieux.

Alors, s'organise dans l'ombre la *communauté évangélique*. Jésus reparaît, mais ne se montre qu'à ses principaux disciples ; l'Église se fonde et s'organise : la profession de foi se formule, l'enseignement primitif se complète, s'épure.

Jésus mort, rien ne s'oppose plus à sa déification.

Une contradiction à relever, entre beaucoup d'autres, dans Michel Nicolas et M. Réville, c'est quand, après avoir démontré la nature apocryphe des quatre évangiles, l'impossibilité de les concilier, etc., ils essaient de fixer leurs dates.

Saint Mathieu aurait écrit, disent-ils, vers 70 ;
Marc et Luc, 75 ou 80 ;
Jean, 80 ou 90.

Certainement, il y eut des fragments de discours composés, répétés, voire même écrits, des essais de rédaction faits, à toutes les époques ; mais si, comme on en convient, les quatre évangiles ne sont que des compilations, successivement grossières, et qui ne reçurent leur forme actuelle que dans la seconde moitié du IIe siècle, comment peut-on voir, dans tel passage, un indice de la date de leur composition ou publication? C'est tout au plus la marque qu'à telle époque, telle idée est entrée dans la tradition orale. Voilà tout.

Le crucifiement a dû agir sur l'âme de Jésus d'une façon qu'il n'est pas impossible peut-être de déterminer ; il en sera devenu plus exalté, plus mystique, mais aussi sa pensée aura plus d'ampleur. Si jamais il s'est cru réellement messie, et ce ne peut être qu'à partir de ce drame tragique, alors il aura rompu décidément avec le mosaïsme et jusqu'à certain point avec sa nation, alors il aura expliqué pourquoi il avait d'abord renfermé sa mission dans le cercle israélite ; il se devait d'abord à ses compatriotes; alors, il aura dit à ses disciples : si l'on ne vous reçoit pas, secouez vos souliers contre la ville, et allez dans une autre.

Sur sa *résurrection* : il aura gardé le silence attribuant à un secours de Dieu, son *retour à la vie*, convaincu, lui le premier, qu'il n'était échappé que par un effet de la volonté du ciel.

Condamné à ne plus se montrer en public, et ne pouvant suivre dans les actes de leur ministère ses disciples, devenus ses successeurs, placé aussi dans une position fausse, il a dû, après un renouvellement et un complément d'instruction se dérober ensuite à leurs regards, ne communiquer avec eux que de loin en loin, et disparaître ensuite tout à fait, sans qu'eux-mêmes sussent ce qu'il était devenu : *Dominus quidem Jesus assumptus est in cœlum.*

C'est après sa résurrection que son langage et ses préceptes se seront revêtus de ces expressions nouvelles : *porter sa croix, Agneau de Dieu offert en sacrifice pour les péchés du monde* (la prédication de son supplice et de sa *résurrection* est des disciples); l'*Église*, ou l'assemblée, en opposition à la synagogue; la *primauté de Pierre* ; l'annonce des *persécutions* faite aux *disciples*, la *négation du principe d'autorité ;* que celui d'entre vous qui voudra commander aux autres, devienne leur serviteur ! La mission, solennellement donnée aux disciples, *d'aller enseigner, prêcher et baptiser au nom de la Trinité.*

Si Jésus s'est créé *fils de Dieu* ou son Verbe, dans le sens théologique du mot, ce sera après sa résurrection : de là les étranges discours rapportés par Jean.

En tout ceci, il n'y a place pour aucune supercherie ; les disciples sont en tout de bonne foi ; la tradition orale y est de bonne foi, et les derniers rédacteurs le sont eux-mêmes.

Jésus ressuscité n'ayant eu, ni pu avoir que de rares entrevues avec ses disciples, les derniers entretiens, le nouveau langage du maître, langage qui lui servait à lui-même à rapporter ses anciennes leçons, ont dû se mêler dans leur esprit, et bien plus encore dans celui des nouveaux disciples, aux dits et gestes de la mission publique ; ceux qui les ont mis par écrit ont dû, à leur tour, faire, dans l'intérêt de la vraisemblance chronologique, la même confusion ; de là sera né le style anachronique des Évangiles, la plus grande difficulté, la seule difficulté réelle que rencontre l'interprétation évangélique, mais qui disparaît aussitôt que l'on reconnaît la cause de cet anachronisme.

La conscience chrétienne ainsi lancée, et marchant toujours après la mort ou la disparition dernière de Jésus, rien n'empêche que les disciples éloignés des faits d'un demi-siècle (en 75 ou 80), aient fini par admettre sur la famille de Jésus, sur sa naissance, etc., des traditions merveilleuses, telles que la dignité messianique leur semblait le comporter.

On le voulut fils de David, et on lui fabriqua une généalogie, on en fit même deux;

On le crut fils de Vierge; de là, l'histoire de la conception immaculée, imaginée par une âme pieuse qui l'aurait prise et donnée comme une *révélation*.

On le fit naître à Bethléem, adorer par les Anges et les Rois, aller en Égypte, etc.

Tout cela fut *révélé*, et n'en parut que plus *certain*.

Ne savons-nous pas que les premiers chrétiens étaient *inspirés*, avaient des *révélations*, des *extases*, qu'ils parlaient les *langues;* que le Saint-Esprit les visitait pendant leur repas, sous forme de flammes?

Voilà les origines chrétiennes et les garanties d'authenticité de l'évangile.

La poésie n'y manqua pas. Le *Magnificat* est vraiment magnifique; le *Nunc Dimittis*, le *cantique de Zacharie*.

La Cène fut tout à la fois : 1° une agape, ou banquet fraternel; 2° un repas mystique, symbole de la nourriture spirituelle; 3° un rite révolutionnaire, par la substitution du sacrifice du pain et du vin, renouvelé de Melchissédec, au sacrifice sanglant du temple. Bientôt elle devint plus que cela : une mastication de la chair et du sang du crucifié, sous les espèces du pain et du vin. Manger et boire *dignement* le corps et le sang du Christ, c'était manger et boire son salut; manger et boire ce corps et ce sang indignement, ce fut manger et boire sa damnation. Ce style n'était pas inconnu dans l'antiquité; il semble même avoir une origine anthropophysique.

Le supplice de Jésus, sa résurrection, les persécutions qui suivirent, eurent ce déplorable effet de détourner de son cours primitif la pensée évangélique, qui dans le commencement, essentiellement *sociale* et *morale*, ne touchant à la religion et à la politique que d'une manière indirecte, devint en prédominance, théologique et mystique, et malgré les plus vives recommandations, laissa prendre à la Foi le pas sur les œuvres.

Alors arrivèrent en foule les *hérésies*, les gnoses, et toutes les folies de la superstition. Aucune science positive et populaire ne pouvait lester les âmes : on se jeta à corps perdu dans le surnaturel.

La conscience chrétienne, si saine dans les commencements, devint lépreuse; pendant le IIe et le IIIe siècle, le feu des persécutions lui apporta de temps en temps une sorte de purgatif, la soutint, et la rajeunit; après Constantin, elle tomba au-dessous de la conscience païenne et judaïque.

Dès que Jésus fut le *fils de Dieu fait homme*, incarné du Saint-Esprit dans le sein d'une vierge, *ressuscité et monté au ciel*, tout fut perdu : la mission et le sacrifice du prophète de Nazareth furent souillés.

LES ÉVANGILES

I

SYSTÈMES ET INTERPRÉTATIONS

Le Christianisme est le plus grand fait de l'histoire universelle. Il repose tout entier sur un fait primitif, organique, entouré de mystère, couvert d'obscurités, plein de surnaturel : la vie et la prédication de Jésus, dit le Christ.

Il s'agit de savoir ce qu'est en définitive le Christianisme, ce que fut, voulut et accomplit son auteur, quelle place l'un et l'autre tiennent dans l'histoire du monde et de la civilisation. Pour cela, les documents, à très peu près uniques sont les écrits rassemblés par l'Église, et formant une collection appelée Nouveau Testament.

Ces écrits donnent lieu à divers systèmes.

1° Système de l'Église; il consiste à admettre les évangiles, etc., comme authentiques; à reconnaître Jésus comme fils de Dieu, etc.

Ce système est celui de la foi; il implique la croyance à des communications célestes, à des révélations, prophéties, miracles, etc.

Le surnaturel admis, ce système est logique, et forme un système très bien suivi, avantage qu'il a conservé seul et jusqu'à ce jour sur tous les autres.

Mais le surnaturel répugne à la philosophie et à l'histoire. Les faits attribués à Jean, les conséquences qui s'en déduisent, les dogmes, le système de pratiques religieuses, tout cela est hors le domaine de la raison ordinaire; en sorte que l'on a devant soi le problème du plus grand *fait* social, accompli et soutenu depuis plus de dix-huit siècles, devenu une réalité historique prodigieuse, et qui demeure inexpliqué, inintelligible, à moins qu'on n'en fasse, avec l'Église, une manifestation divine. En sorte que, si l'on se soustrait au surnaturel, on tombe dans le néant, on a devant soi un fait illusoire, une superstition intense, sorte de lèpre mentale; ou bien, on affirme un rapport surnaturel entre le fini et l'infini, l'absolu et le transitoire, etc.

Quoi! faut-il renoncer à rien savoir de Jésus?

Donc, on a cherché à rendre compte d'une manière purement humaine, exclusivement rationnelle, et du christianisme, et de son auteur.

2° Parmi ces interprétations exclusivement rationnelles, devant satisfaire aux lois du possible, aux conditions philosophiques de la certitude, et aux exigences de la vérité concrète, le premier qui se présente, est celui qui consiste à voir en Jésus, un *imposteur*, à peu près de l'espèce de Mahomet, et tous ceux qui ont admis sa croyance comme des fanatiques et des dupes. C'est le système qu'ont adopté de tout temps les *Juifs* ; celui que suivait, au moyen âge, l'auteur du livre des *Trois imposteurs* ; c'est à ce système qu'aboutit en définitive, et malgré tous ses efforts, l'ouvrage de M. Renan.

Une pareille mystification du monde civilisé, soutenue depuis bientôt dix-neuf siècles, est inadmissible.

A. — Contradiction entre le but *moral*, *social* de l'évangile, et l'esprit de mensonge prêté à Jésus.

B. — Que la croyance à un dieu, à des dieux, à l'immortalité de l'âme, à la venue d'un Christ, à des révélations, à des rapports entre le ciel et la terre, sur laquelle est fondée la religion nouvelle : que la pensée religieuse, en un mot, est antérieure à Jésus, et qu'à cet égard, il est d'accord avec le genre humain, et n'a trompé personne.

C. — Que le christianisme a ses antécédents dans l'état antérieur de la société, et que de telles affirmations ne viennent pas naturellement d'un homme.

Bref, que la tromperie serait ici tout aussi inexplicable et impossible que le miracle; M. Renan l'a senti : il admet en Christ une somme de bonne foi.

D. — Impuissance radicale de la fraude à produire un pareil mouvement.

3° L'hypothèse d'un Mystificateur, Imposteur en chef, trompant ses disciples, et se faisant passer pour Dieu, Christ et ressuscité, étant écartée, on en fait une autre ; c'est celle d'une *fraude pieuse*, organisée par les apôtres et évangélistes, après coup, et, quand le héros eut disparu, faisant croire au monde les faits racontés par eux, etc.

Dans ce cas, Jésus a pu être un saint personnage, digne de vénération et d'estime, mais dont l'histoire a été surchargée des récits merveilleux, apocalyptiques. Ce n'est plus l'homme prétendu Dieu et Messie, qui a menti, ce sont ses disciples.

Difficultés d'une autre nature, ou encore les mêmes :

A. — But moral, révolutionnaire et désintéressé de l'Apostolat.

B. — Dévouement des Apôtres à leur foi : des faux témoins qui se font égorger, pour soutenir leur faux témoignage !... Cela répugne.

C. — Appui trouvé dans l'opinion persistante.

D. — Impuissance de la fraude pieuse à produire de pareils effets.

4° Écartant donc encore cette hypothèse, reste à supposer que personne n'a menti, ni Jésus, ni ses apôtres, ni personne, mais que le système s'est formé spontanément sur la donnée réelle de Jésus et des opinions régnantes, parmi les multitudes fidèles ; et que la légende, une fois *imaginée*, a été prise pour vérité par ses propres auteurs. Système de Strauss.

Mais ce système ténébreux de création mythique ne peut pas se soutenir en présence des textes. S'il est aisé de signaler, dans les évangiles, des accommodations de l'Ancien Testament devenues des *faits* dans le nouveau, il y a aussi une part de réalité positive, qui ne s'accorde plus avec la fiction ; à côté d'un miracle incroyable, il y a des discours authentiques, des démarches certaines ; bien mieux, en suivant cette pensée de Strauss, on arrive à des conclusions opposées aux siennes. En effet, si

Jésus a été un personnage si prodigieux, et son œuvre d'une si haute importance, que, pour donner une idée et du fondateur et de l'institution, on n'ait trouvé rien de mieux que de lui attribuer une nature divine, etc., etc., on demande à l'instant : *Dites donc alors en quoi consiste l'œuvre du Christ*, dites quel a été son *caractère*, sa *pensée*, son *œuvre*, car c'est justement là ce que nous cherchons ; peut-être alors pourrons-nous rendre compte de cette déification, de tout ce surnaturalisme, nous aurons le mot de l'énigme. Or, c'est ce que ne donne pas Strauss.

Ces réflexions conduisent donc à une dernière et cinquième hypothèse qui est celle-ci :

5° Il n'y a ni fourbes, ni imposteurs ; Jésus a été de bonne foi, son œuvre éminemment morale, excellente ; les apôtres fort honnêtes gens, convaincus ; leur témoignage sincère ; la multitude point folle ni stupide, seulement préparée, par son état mental antérieur, par ses opinions, par ses aspirations, à croire au Dieu Messie, l'attendant, l'exigeant même, et le faisant, le jour où elle a cru le tenir ; du reste, ne comprenant pas nettement ce qu'elle voyait. Les disciples et Jésus ne le comprennent pas toujours eux-mêmes ; et tous sont disposés à expliquer les choses par des raisons miraculeuses et surnaturelles.

Il faut commencer par rechercher ce qu'a été l'œuvre de Jésus en elle-même.

Cela fait, examiner comment l'ont prise les contemporains, disciples, apôtres et fidèles.

Incertitudes et hésitations des évangélistes expliqués ; Jésus, lavé de tout soupçon :

Questions méthodiques ?

Que peut-on savoir de *certain* de Jésus, indépendamment des miracles, de la doctrine, etc. ?

Dans quel milieu ? En quel temps ? Combien il a duré ?

Quid du christianisme, comparé aux religions antérieures ?

Quelles idées *régnantes ?*

Quelles combattues ? Quelles proposées ?

Aller du certain à l'incertain ; *poser des degrés de certitude.*

Se défier des interprétations *rationalistes*, des *probabilités* ;

Procéder comme un juge d'instruction.

Subordonner, pour la certitude, le *miracle* aux faits CERTAINS ;

Subordonner, l'hypothèse contradictoire à la vérité acquise ;

Préférer, pour l'ensemble des faits, la suite logique, à la discordance, quoiqu'il en coûte parfois.

Faits de la vie de Jésus. *Une page de la biographie.*

Carrière de douze à quinze mois ;

Dans ces douze ou quinze mois, pérégrination de Nazareth, en Galilée, au Jourdain vers Jean ; puis retour à Nazareth après l'arrestation de Jean : propagande aux alentours du lac ; excursion en Syrie, Tyr, Décapole, Samarie ; enfin voyage à Jérusalem, lutte contre le sacerdoce et le Pharisaïsme, et mort.

Tout cela est fort court.

Mais dans cet intervalle, une œuvre effrayante a été accomplie.

i. — Signification et définition du christianisme : Problème.

ii. — Système d'interprétation des évangiles.

iii. — Caractère spécifique du système de l'Église.

iv. — Réfutation de celui de Renan.

v. — Mon système. — Règles de critique.

vi. — Biographie de Jésus.

vii. — Exposé succinct de son œuvre, et additions postérieures.

Le nœud gordien est ce qu'a pensé de lui-même Jésus.

Dieu? — Non; inadmissible. L'ensemble des textes y est plutôt contraire; la substance de l'œuvre ne le souffre pas; la raison, enfin, et le respect du sage en détournent.

Fils de Dieu? Verbe? — Pas davantage; *Équivoques* à ce sujet; son origine dans la nature même de la religion nouvelle; influence du style figuré; — enthousiasme de Jésus; théologie postérieure, ou interprétation et gnose des apôtres. — Jésus est *Parole de Dieu; l'unité*, etc.

Messie. — Cette idée est antérieure à Jésus-Christ; elle ne vient pas de lui; elle implique des données diamétralement contraires, il est *anti-messie;*

Nouvelle et fatale équivoque : Je suis le *Messie*, et je suis souffrant. On avoue d'ailleurs que le Messie est tout *Spirituel;* c'est assez dire.

Résurrection. — Opinion antérieure à Jésus. — Que le Christ devait ressusciter, selon les Pharisiens.

Miracles. — Tout le monde en fait; tout le monde guérit. Le grand prêtre prophétise.

Règles de critique. — 1° Rappeler les divers systèmes d'interprétation, et en montrer les impossibilités.

2° Proposer le dernier, qui est le mien, et qui satisfait seul à la raison et à la saine critique. Ce système, en effet, consiste :

1° A dégager les points culminants et certains tant de la doctrine propre de Jésus que de sa vie mortelle ; à en présenter le cadre, et à s'y tenir fermement attaché, les prenant même pour critère ;

2° A rejeter comme *altéré*, interpolé, apocryphe, ou faux, tout ce qui est contraire à ces points reconnus pour certains ; à séparer comme n'étant pas de lui, et d'une importance secondaire tous les dogmes antérieurs et postérieurs ;

3° A montrer la cause de ces altérations, interpolations, suppositions, dans les préjugés de l'époque, et le besoin poignant que tous éprouvaient de rendre raison d'un fait aussi puissant que celui de la fondation du christianisme ;

4° A sauver l'honorabilité de Jésus, et la bonne foi des Apôtres et Évangélistes, la raison des fidèles, et la sincérité de la tradition et de l'Église, en dévoilant la source des hésitations, contradictions, équivoques, dans l'impuissance radicale où l'on était alors, et où l'on est resté jusqu'à ce jour, de rendre compte, par des raisons naturelles et tout humaines, de l'établissement du christianisme et de la mission de Jésus, considéré comme un pur homme.

Que si cette impuissance est maintenant levée, l'obscurité des Évangiles cesse ; la lumière est faite sur la période embryonnaire de la nouvelle religion.

II

FABLES ÉVANGÉLIQUES

Elles encombrent, de très bonne heure, la prédication apostolique, à ce point que tous les apôtres, non seulement ne s'entendent pas entre eux, mais se voient forcés de protester les premiers contre les *gnoses*, les *généalogies interminables* et les *fables vaines* et ridicules[1].

Tous étaient forcés de rappeler, sans cesse, que l'Évangile se bornait à la foi à Jésus *ressuscité*, à sa *médiation*, à sa *rédemption*, à sa *charité* et à sa *pureté*. Ils protestent contre les additions superstitieuses, qu'ils ne désignent pas expressément, mais qu'il est aisé de découvrir ; ce sont : la *conception virginale*, l'adoration des Mages, les généalogies de Luc et Mathieu, la marche sur l'eau, les

---

[1] Cf. Epit., I, ad Timothe, c, I, 4 ; II, 16 et suiv.; II. Tim., IV, 4 ; — Tit., III, 9 ; — *Jacob*, passim ; — Petrus, III, 1, 18 ; — v. 1 et suiv., II Petr., I, 16 ; I, Joan., passim et ailleurs, Paul, sur la *Science* ou gnose.

milliers d'hommes nourris avec un pain et deux poissons, l'histoire des pourceaux de Gérasa, la *Transfiguration*, les *quarante jours* de jeûne, la résurrection corporelle, la descente du Saint-Esprit en forme de colombe, les langues de feu, la théorie de Paul sur la *foi* et la *grâce*, celle de Jean sur le *Verbe*, etc., etc.

Tous s'accusent aussi. Paul repousse le λογος de Jean qui, de son côté, repousse la grâce de Paul. Ils ne paraissent d'accord que sur la fin du monde.

Ils retiennent les guérisons de malades, qui ne sont que des faits ordinaires, des *soins donnés* par la charité et suivis quelquefois de succès.

M. Renan n'a point assez remarqué cela. Si les relations des *quatre* sont infirmées par la protestation des auteurs des Épîtres, on est fort à l'aise ; et pas n'est besoin de tant batailler sur les miracles. Nous sommes à l'aise pour faire le triage.

Le Christianisme est la doctrine de la charité, de la pureté du cœur, de l'affranchissement des pauvres, de la vie spirituelle.

Jésus a dit que tel était le vrai messianisme ; que tout le reste était folie ; à force de le dire, il a été pris lui-même pour Messie, mais Messie souffrant et spirituel, dont on attendait encore la venue glorieuse, la plus triste des *fables*, acceptée par tous les apôtres.

Partant de là, toute l'histoire se débrouille ; on comprend Jésus, sa prédication, sa polémique orale, ses inventions ; on le suit du commencement à la fin de sa carrière, de l'an 28 à l'an 29 ; on se rend compte de la haine des Juifs, on devine le mystère étrange de sa résurrection, on le découvre ensuite dirigeant secrètement son Église, de l'an 29, année de son supplice, à l'an 56 ou 57, époque à laquelle il semble qu'il ait définitivement disparu et cessé d'exercer son influence. L'œuvre chrétienne se continue ainsi après l'avènement qui devait l'étouffer ; elle s'explique, se déroule, se dégage nettement, puis s'obscurcit de nouveau par les fables et les disputes.

III

LA PAROLE DU CHRIST*

I. Le plan de Jésus. — Il est dit maintes fois que les apôtres de Jésus ne le comprenaient pas ; la multitude encore moins. Le jour de la passion, ils ne *comprenaient point*. Après la mort, ils ne comprenaient point[1].

Sur quoi d'abord portait cette inintelligence ? Sur la manière dont Jésus interprétait le messianisme.

Or, qui nous garantit que plus tard, après la résurrection, ils comprirent mieux, et qu'ils n'allèrent pas d'un extrême à l'autre ?

Guérisons. — Jésus et ses apôtres donnaient des soins aux pauvres malades. (La parabole du Samaritain, et l'épître de saint Jacques où se trouve indiqué le traitement.) C'était dans l'église un

---

(1) Cf. *Les Disciples d'Emmaüs.*

devoir pieux, qui est devenu plus tard le sacrement de l'*extrême-onction*. Ces soins étaient quelque chose de l'ère de la propreté; une plaie lavée; le cœur réconforté sans négliger l'influence magnétique. — Traces évidentes d'*exagérations* à Jéricho; un aveugle, deux aveugles, etc.

Additions et surcharges. — Les cantiques de Marie, de Zacharie, de Siméon; les généalogies, les histoires de *Mages*, incarnations, etc. Les accommodations maladroites de l'Ancien Testament; les détails sur la ruine de Jérusalem, les développements sur la théorie du Verbe de Jean; le style propret de Marc. Le progrès croissant du *réalisme* dans l'histoire de la Résurrection, qui d'abord se réduit à l'apparition d'une âme ou ombre, puis devient un *corps;* le réalisme eucharistique, que l'on voit également naître et se développer, et devenir le dogme de la transsubstantiation; tout cela dépose qu'il y a lieu de n'en croire qu'avec circonspection les Évangiles, non que les auteurs soient de mauvaise foi; mais parce qu'ils continuent d'être dans la période d'inintelligence, et qu'ils cherchent à se rendre compte, par des considérations ou hypothèses transcendantales, de ce qu'ils ne comprennent pas.

D'après tous ces exemples, il y a lieu de réduire beaucoup ce que les Évangiles font dire à Jésus de sa médiation entre Dieu son père et les hommes. Assurément il est auteur, fondateur, initiateur ; il a le droit de se dire animé de l'*esprit de Dieu*, de se proposer en exemple, de s'opposer à la loi ancienne. *On a dit aux anciens : Et moi je vous dis !* Il n'y a en tout cela ni vanité ni usurpation. La *vérité* l'autorise, et tout homme qui dit vrai jouit de la même autorité vis-à-vis des autres.

Je comprends encore qu'il recommande à ses disciples de se *réunir en son nom*, de *prier en son nom ;* son nom devenant ainsi une sorte de formulaire de foi, et le signe de l'*adoration en esprit et en vérité*, signe de régénération, de conversion et de pénitence.

Mais on voit la métaphore dans ces endroits où Jésus dit de lui-même qu'il est la vigne, le cep, la Voie, la Vérité, la Vie, où il se fait comme *centre de la nouvelle vie religieuse ;* et l'on est autorisé, à l'occasion, à interpréter ses discours dans un sens moins *personnel* et moins mystique.

Ainsi dans ces paroles : *C'est par moi qu'on va à Dieu; Personne ne connaît Dieu que par le Fils*, etc. ; je verrai simplement ceci, qui est déjà une bien grande chose, et qui est unique : c'est par la foi que je vous enseigne que vous irez à Dieu ; Dieu ne sera connu de vous que si vous le concevez comme père, et vous et moi comme ses enfants, etc.

Cette interprétation va d'elle-même ; elle dit tout.

Jésus en ce sens est bien *fils de Dieu* et le *fils de Dieu*, car il a révélé au monde la paternité divine, et le premier a invoqué au bénéfice de l'humanité cette filiation. La théorie du λογος n'a ici que faire, c'est une hyperbole qui s'explique d'elle-même, qui était inévitable, mais enfin que rien ne prouve être de Jésus, que tout conduit à nous faire croire comme étant de ses disciples.

Caractère social de la réforme de Jésus. — Ce côté, avec le progrès du temps, a été tenu dans l'ombre ; peu à peu l'Église orthodoxe l'a abandonné, voilé sous les pratiques du culte et les phrases mystiques. M. Renan le considère comme mauvais, comme un appendice étrange, produit de l'influence fâcheuse de Jean-Baptiste ; il en fait un sujet de blâme pour Jésus, dans la vie duquel il distingue deux périodes : la période du pur moraliste, et la période du révolutionnaire.

Il sera aisé de prouver que la réforme religieuse

de Jésus entraînait une réforme sociale, et à la fin une réforme politique ; de même qu'elle entraînait une réforme de la religion, de la théologie et du culte. Au temps de Jésus, la société était essentiellement religieuse ; et Jésus n'a pas fondé une association de *piétistes* qui, en dehors de leur foi à Jésus, n'avaient plus rien de commun.

L'Égalité devant Dieu entraînait l'égalité devant la loi et l'abolition de l'esclavage ; le précepte de charité, ou aumône, créait les institutions de secours et de bienfaisance ; le précepte du travail, énergiquement posé par Paul, est gros de réformes ; — la loi de justice exclut la prévarication, le pillage du peuple ou l'exploitation par les riches, le *mutuum date* indique une loi de mutualité dont les conséquences sont incalculables ; la résistance à la tyrannie sacerdotale, le mépris d'Hérode, le dédain du messianisme, révèlent une visée sociale plus haute que les institutions régnantes, plus haute que l'empire romain lui-même.

Jésus n'est aucunement partisan de la révolte à l'Empire ; là était le point scabreux de son enseignement. Il avait raison, mille fois raison ; la Judée ne pouvait rien contre Rome, il était même bon pour elle qu'elle se soumît ; ce n'était pas par les armes que les nations vaincues pouvaient recouvrer leurs libertés et leurs droits. C'était par une refonte complète de la religion, un renouvellement des mœurs et des lois. Toute autre direction était absurde ; c'était une déception de la masse ignorante par les riches ambitieux, les sectaires, les prétendants et les prêtres.

Voyage à Jérusalem. — Jésus avait des raisons de croire au succès. De quoi s'agissait-il pour lui ? De détacher le peuple, les masses, de l'influence sacerdotale, d'enlever la nation aux pharisiens, aux Scribes et aux prêtres, surtout à ses fatales préoccupations messianiques, c'est-à-dire de révolte.

Jésus avait le droit de compter sur l'intelligence et la tolérance du gouverneur Romain, sans la permission duquel, les prêtres, etc., ne pouvaient rien. Si Pilate, mieux éclairé, mieux avisé, avait compris le mouvement de Jésus, la guerre de Titus pouvait être évitée, premier bénéfice pour Rome. Avec cet appui tout négatif, Jésus, devenant inviolable, était tout-puissant contre la secte bigote des Pharisiens, le parti aristocratique des Saducéens, la faction d'Hérode, le pontificat. Il changeait les mœurs, la loi, le culte, la société tout entière ; car les Romains n'eussent pas pris parti contre une majorité populaire en faveur d'une aristocratie qui les haïssait.

A ce point de vue, la *vie de Jésus* par Renan est pitoyable.

Il n'a pas compris le premier mot de ce plan. Il n'a pas vu que Jésus, prenant son point d'appui dans l'idée religieuse rajeunie, devait aboutir à une révolution sociale en Judée, sous le couvert de l'autorité romaine, puis de là arriver à une réforme politique, à la liberté du monde. C'était ce que Jésus appelait le *Salut*, la *Rédemption;* son plan a échoué; le christianisme, c'est-à-dire, l'Évangile de Jésus rendu messianique s'est établi d'une autre manière : mais à quel prix ! Avec combien de peines ! et dans quels termes !

Le plan de Jésus ne fut pas révélé par lui à ses disciples, qui ne le comprirent jamais qu'à moitié; il était trop prudent pour se confier à la légère. Mais il fut en partie pénétré par Juda, juif fidèle, messianiste zélé, qui vit en Jésus l'ennemi de sa nation, et forma le projet de le livrer.

Or, démontrer qu'un lien intime existe dans toute la vie de Jésus entre la morale et sa réforme religieuse, par suite entre cette double réforme et la régénération sociale.

Situation unique ; combinaison profonde ; chances sérieuses de succès ; conséquences immenses. Ceci, pour un historien rationaliste, est d'une bien autre importance que la théologie orthodoxe, et ses sacrements et ses mystères.

Jésus recherche la popularité ; on voit pourquoi. Avec la neutralité de Rome qui le rendait inviolable, l'appui de la masse décidait tout.

La chose accomplie, sans que les Romains y eussent pu rien comprendre, autre que leur propre intérêt, une force de révolution était parée, l'empire mis en échec, le paganisme et le mosaïsme successivement évincés. Jamais on n'eût accusé les chrétiens d'athéisme comme on le fit plus tard. Jésus, sans disputer à César ni son tribut ni son autorité, devenait le maître du monde et de César... On n'eût pas fait de lui un Dieu, un Messie, on ne l'eût pas crucifié ; la conversion du monde eût suivi un autre cours ; l'évangile eût été mieux compris, mieux appliqué, etc.

Voilà ce à quoi, ni M. Renan, ni personne n'a rien compris, pas plus que les apôtres, et qui éclate à chaque ligne de l'évangile.

Ainsi, par l'exposition vraie des évangiles, l'œuvre de Jésus devient non seulement intelligible, mais plus vaste, plus grandiose, plus étonnante encore ;

l'Église, conçue par lui, efface dans sa donnée rationnelle, toute humaine, toutes les gloires de l'Église mystique des apôtres et des pères ; l'établissement évangélique apparaît comme le soleil, tandis que le christianisme, sorti de la défaite de Jésus n'est qu'une pâle comète, maintenant sans prestige et presque sans influence [1].

Le plan de Jésus ne fut donc exécuté qu'en partie et d'une manière inintelligente et maladroite, par ses disciples après sa mort. Jamais ils n'avaient été initiés entièrement à la pensée du maître, qui marchait à son but sans se dévoiler à personne, faisant servir les circonstances et les hommes à sa réforme et laissant au temps et au succès le soin de le faire connaître. Lui mort, le messianisme, envahit l'évangile, il est vrai, avec un caractère spirituel et mystique qui en changeait la signification, et le ramenait à très peu près à l'évangile de Jésus. Le côté révolutionnaire et social fut délaissé ; la guerre au judaïsme déclarée en haine des prêtres persécuteurs et assassins de Jésus ; en revanche,

---

(1) Peu de renseignements sur les luttes de Jésus contre les Pharisiens. — Partie négligée par les Évangélistes. Mais le plan se poursuit avec une évidence qui ne peut désormais tromper personne.

Rapport de Jean à Jésus. — Le premier préparateur *involontaire;* si l'on doit s'en rapporter à la relation évangélique, messianiste sincère ; mais disposé à se rallier, et qui déjà avait saisi le côté *pénitencier* de la Réforme.

on hérita de l'animadversion combinée des pontificateurs saïstes et de l'empire. Les querelles s'allumèrent sur les questions de la circoncision, de la pâque, des millénaires, de la *grâce*, des viandes immolées, etc.

Des partis se formèrent ; la personne de Jésus devint à elle seule le texte d'innombrables disputes. Il y gagna d'être fait Dieu, mais son supplice scandalisa le monde, fit des fanatiques et des incrédules acharnés. Somme toute, si l'on considère que, quelque fût le succès personnel de Jésus, lui mort, la pensée générale devait reprendre son œuvre, la modifier, la développer, il devenait impossible de dire si le monde a gagné ou perdu à la crucifixion du galiléen.

C'est le caractère de la vérité d'être toujours plus belle, plus grande que la fiction. Conçu dans son ensemble authentique, le plan de Jésus est plus admirable que le dogme qui l'a remplacé : or, autant l'œuvre de Jésus dépassait le christianisme mystique des apôtres, autant la révolution sociale, entreprise de nos jours, dépasse celle de Jésus.

Cette révolution a pour caractères essentiels :

1° La justice immanente, source et fondement de toute morale ;

2° Science économique et sociale ;

3° Système de mutualité et de fédération ;

4° Extinction du paupérisme et de la guerre ;

5° Egalité générale et équilibre, plus de maîtres ni de rabbins ;

6° Moyens d'action, la force collective ou puissance d'association, le droit, la science.

II. Prédication des apôtres*. — Si le plan de Jésus avait réussi, comme il pouvait réussir, comme il était probable qu'il réussirait, son œuvre, en tant que personnelle, eût été incontestablement plus brillante, plus grandiose qu'elle ne le parut de son vivant et pendant les soixante ou quatre-vingts années qui suivirent sa mort.

Mais la pensée des masses, la spéculation des théologiens devait tôt ou tard s'en emparer et agir à son tour sur l'idée du maître. Jésus ne pouvait toujours vivre : qui sait même s'il n'aurait pas échappé à une première lutte que pour succomber à une autre plus terrible ?...

Admettant donc que son plan eût reçu un développement plus décisif, il ne pouvait manquer de devenir la proie de l'imagination populaire et de la spéculation théologique. La religion, et une religion positive formant la base du nouvel établissement, dans un milieu aussi exalté, aussi fervent, aussi croyant, la partie cérémonielle, la dogmatique auraient reçu du dehors des accroissements ; la personne du maître aurait été incontestablement idéalisée : possible que le titre de *Messie* lui eût été conservé par les raisons déjà dites, mais il aurait pu arriver aussi qu'il ne pérît pas du dernier supplice ; dans ce cas, on eût bien pu le regarder comme *sauveur* du monde, qu'il sauvait en effet, mais on ne l'aurait pas considéré comme l'ayant *racheté par son supplice*, on n'aurait pas fait de lui une victime expiatoire ; mais un *pontife*, envoyé de Dieu, pour remettre les péchés du monde, ainsi qu'il faisait tous les jours lorsqu'il opérait la guérison des malades, et qu'il ordonne de faire à ses disciples ; il nous aurait *guéris de la coulpe originelle*, en vertu de sa puissance thérapeutique et divine, mais non en se mettant en nos lieu et place ; notre propre pénitence, accompagnée d'un vrai repentir et de la grâce d'en haut, aurait suffi ; Jésus aurait eu dans sa carrière un redoublement de travaux à supporter de contradictions, de calomnies, de conjurations, d'amertumes, sa vie eût été celle d'un saint Paul ; il y aurait eu de moins le supplice de la croix, et cette assimilation du Christ avec l'agneau pascal et le bouc émissaire.

Rien même n'eût empêché plus tard de dire, avec

les pères de Nicée, que cet homme, animé de l'esprit de Dieu, avait été l'organe spécial du Verbe divin, une autre fiction aurait pu être imaginée à la place de celle de l'*Incarnation* de Mathieu et de Luc ; l'Ancien Testament fournissait des exemples pour cela (l'*Esprit de Dieu se jette sur lui ;* l'*esprit de Dieu s'empare de lui*, etc.). En Jésus, reconnu prophète, c'est-à-dire simple homme, on aurait dit que le *Verbe* descendait, parlait directement par sa bouche ; la Trinité d'Athanase eût été reconnue et adorée ; l'eucharistie aurait pris un autre tour, tout en gardant sa vertu mystique, etc. Il est inutile de s'aventurer dans cette déduction, dont chacun comprend les éventualités aussi bien que les causes. Ce qui importe, c'est de bien distinguer ce qui appartient à l'initiative du maître d'avec ce qu'y a ajouté, du sien, l'admiration, la reconnaissance et le mysticisme des peuples ; c'est de discerner ensuite dans cette même œuvre, la partie essentielle, je dirai même nécessaire, immuable, d'avec les parties contingentes ; ce qu'il était dans la donnée de Jésus d'accomplir et qu'il n'a pas eu le temps d'accomplir, ce que serait devenu en conséquence le christianisme, et qu'il n'a pu devenir. Tout cela est nécessaire à l'intelligence du christianisme comme de toute création humaine ; car tout fait humain, tout fait historique se compose de deux éléments : un élément principal, que j'appellerai organique, nécessaire, réformateur, et un élément accessoire, variable, conditionnel, dépendant des circonstances.

Arrestation, procès et condamnation de Jésus. — Suivant Renan, le procès de Jésus a été une chose juste, conforme à la loi ; son supplice, au point de vue juridique, est sans reproche. Cette étrange appréciation vient de ce que M. Renan n'a rien du tout compris à la mission et à l'idée de Jésus.

Selon moi, le supplice de Jésus est le fruit d'une conspiration sacerdotale, procédant par la *calomnie* et l'*iniquité*.

Jésus ne pouvait être accusé de détruire la loi. Sa déclaration était formelle : *Je ne viens pas abolir la loi, mais lui donner un complément ;* sa conduite était conséquente avec ses déclarations ; il célébrait la Pâque et les autres fêtes, respectait le sabbat, tout en se moquant de la bigoterie pharisaïque, priait dans le temple, etc., etc.

Quant à ses idées religieuses, quant à son *complément*, il ne faisait rien de plus que ce que faisaient autour de lui les *Pharisiens*, les *Sadducéens*, les Esseniens, tous divisés sur des questions capitales.

Sans doute une philosophie pénétrante aurait

pu prévoir que de la nouvelle doctrine sortirait l'abolition du mosaïsme ; mais la même chose pouvait être dite des autres sectes d'autant que tout change incessamment dans le monde, la foi, la religion et le culte, comme le reste. Jésus réclamait la même tolérance, il y avait droit.

Jésus ne pouvait être accusé d'affecter la royauté ; la nature de son enseignement en faisait foi. Il se moquait du messianisme, auquel il substituait une réforme morale ; son *royaume n'était pas de ce monde ;* le *Christ*, disait-il, quand on prononçait ce nom, souffrait et mourait comme les anciens prophètes, et plus d'une fois il s'était vu délaissé pour ses idées *anti-messianiques*.

De ce côté, ni les Prêtres, ni l'autorité romaine n'avaient à lui faire de reproche. Rien de plus contraire aux rêveries des Juifs touchant le Messie, que ce que lui, Jésus, appelait *Royaume de Dieu*. C'était un ordre de choses tout moral, au-dessus et en dehors de l'ordre politique établi, auquel il se défendait, et à bon droit, de vouloir toucher.

Il payait le tribut, ordonnait de le payer ; blâmait les projets insurrectionnels.

Sans doute encore, un observateur attentif aurait pu prévoir que de cette réforme morale sortirait à la longue un ordre politique nouveau ;

mais loin d'en blâmer Jésus, il l'en eût loué hautement. Est-ce que la même chose ne résultait pas de toutes les théories philosophiques, de la doctrine stoïcienne par exemple, professée par Marc-Aurèle, de celle des Néo-platoniciens ? C'est la condition de l'humanité que des germes nouveaux soient en perpétuelle éclosion, poussant la société, modifiant, changeant les empires, etc.

Jésus, il est vrai, attaquait vigoureusement le sacerdoce, sa tyrannie, l'hypocrisie pharisaïque, l'influence des scribes, etc.

Mais il était ici dans son droit, c'était école contre école, parti contre parti, démocratie contre aristocratie, hérésie contre orthodoxie, synagogue contre synagogue. Il faisait de *l'opposition ;* mais encore une fois, il était dans son droit d'Israélite, d'homme probe et libre. Il y a plus : les idées de sa nation l'autorisaient à se poser comme *prophète*, comme *rabbi ;* à critiquer sous ce titre la conduite et la doctrine des puissants : pourvu qu'il ne fît rien contre la nation et contre la loi, il était inviolable. Depuis quand a-t-on regardé comme un crime, à un homme courageux, dans un pays de liberté au moins relative, d'attaquer les monopoles, l'abus du pouvoir, les fraudes pieuses, la corruption électorale, le mensonge judiciaire, l'insolence des corporations, etc. ?

Au reste, l'iniquité commise à l'égard de Jésus est flagrante : l'histoire de la passion le prouve à chaque ligne.

Pour le perdre on excite tout à la fois le peuple et l'autorité romaine : le peuple, en prouvant qu'il est un faux messie, pis que cela un anti-messie, qui combat les espérances de la nation, ennemi de la délivrance ou affilié secret de Rome, un traître à la nationalité ; l'autorité étrangère, en lui soutenant que ce prêcheur en apparence si anodin n'est rien de moins qu'un agitateur qui, par des voies détournées conduit le peuple à l'insurrection contre tous les pouvoirs établis. Chose singulière, M. Renan a partagé cette opinion ; sous ce rapport, encore plus que sous tous les autres, il peut se vanter d'avoir calomnié Jésus.

Aussi la multitude, une fois empoisonnée par la calomnie sacerdotale, l'affaire marche grand train ; la plèbe crie : Non, nous ne voulons pas de celui-là pour roi, ce n'est pas notre messie ; qu'on le crucifie ; à bas ! Et Pilate de son côté le qualifie, pour avoir un prétexte, de *messie* juif, *rex judæorum*. La contradiction du peuple et de Rome fait ici le nœud de l'intrigue.

Maintenant, qu'est-ce qui fit le crime de Judas ? Il a plu à M. Renan, qui trouve la condamnation de Jésus juste, de dire que Judas était coupable au plus d'une *indélicatesse*. En cela, il était conséquent avec son système.

Si Judas s'était contenté de faire comme tant d'autres, d'abandonner Jésus dès qu'il s'aperçut que son maître ne réalisait pas son idéal messianique, on pourrait le plaindre de son aveuglement : en tout cas, son opinion serait respectable.

Mais il n'en est rien. Judas est une de ces âmes lâches comme il en pullule dans les révolutions, et comme nous en avons connu beaucoup depuis vingt-cinq ans ; qui flottent entre les partis, cherchant à prévoir de quel côté penchera la victoire, et prêts d'avance à suivre le parti du plus fort. C'est un jacobin qui, après avoir été séide de Robespierre, devient courtisan de Napoléon ; c'est un *conservateur* égoïste, qui, comme Fouché, à quelques mois de distance, prête serments contre serments ; aujourd'hui républicain terroriste, demain doctrinaire, après-demain ministre de César, plus tard serviteur du roi, puis trahissant à la fois et le roi et l'empereur, et les républicains et tout le monde. Regardez autour de vous, à l'Académie, à l'assemblée, au sénat, dans les tribunaux, l'armée, la *presse*, partout, le monde est plein de ces Judas. M. Renan n'a pas vécu dans cette fournaise politique, il ne peut en parler sciemment; Judas suit Jésus depuis le commencement de sa mission ; sans doute, avant de s'attacher à Jésus, il avait suivi Jean ; il allait partout où il voyait se prononcer un mouvement ; il avait eu le loisir de réfléchir sur la portée de l'œuvre de Jésus ; il savait, autant qu'un apôtre le pouvait savoir, que le *messianisme* de Jésus n'avait rien de commun avec celui des zélateurs; il l'accompagne à la Cène; puis, quand il voit tourner la chance, il fait volte-face et livre son maître, il le livre moyennant salaire, et reçoit le prix proposé au délateur. Cette circonstance, de l'argent reçu, indique une chose : si Judas avait accompli la trahison par un excès de zèle judaïque, il n'aurait pas reçu d'argent. Il aurait dit : Je ne vends pas mon opinion ; je sers mon pays et ma foi ; cet homme m'a trompé ; je demande justice contre lui, et je le livre. C'est ainsi qu'agissent, dans les révolutions politiques, les hommes que la passion de parti porte à dénoncer les ennemis de leur opinion. Ils font acte de conscience, et ne se souillent pas par un mélange d'intérêt.

Judas, au contraire, prend l'argent ; il agit

comme un mouchard aux gages de la police; esprit médiocre autant qu'âme lâche, qui se dit qu'après tout il rend au pouvoir un assez grand service pour en recevoir récompense. Judas est au-dessous du mouchard, il n'a pour lui ni le zèle, ni l'indifférence, ni le désintéressement, ni la consigne; froid, ambitieux, cœur sec et cupide, poltron, fausse conscience, Tartufe, il rassemble en lui tout ce qui peut rendre la trahison infâme et abominable. Cette espèce est difficile à pénétrer : dans les temps prospères elle n'est point à craindre, on la prendrait pour excellente, tant elle montre de naturel à servir le parti qu'elle épouse et qui l'emporte, mais au revers, la corruption secrète de l'âme éclate, et vous avez le comble de la perfidie uni au comble de la lâcheté. On a vu des trahisons héroïques, des parjures grandioses, des défections courageuses, des apostasies pleines d'audace ; on a vu, et la chose n'est que trop commune en France, des changements d'opinion pleins de naïveté, pour ne pas dire d'innocence; nos *girouettes* sont plutôt des âmes sans caractères, que de vrais scélérats.

L'acte de Judas est celui d'un homme dépourvu de sens moral, à tous les points de vue, d'un être doué de raison et qui agit en bête.

III. Conclusion. — Nouvelle morale, supériorité de l'ère nouvelle.

1° Confusion de la religion et de la morale : mauvaise.

2° Précepte de charité : dangereux et insuffisant.

3° Précepte d'autorité, d'obéissance ; tendance au communisme, sinon au privilège : fâcheux.

4° Sanction morale, par les récompenses et peines éternelles : insuffisante.

5° Régime de Foi, de Mysticités, de pratique sacramentelle : incompatible avec l'esprit philosophique.

6° Dogme de la Providence : inconciliable avec la science.

7° Dogme de la Grâce : injurieux, engendrant l'inégalité, la théocratie, le gouvernement de droit divin.

8° Institution de bienfaisance pour réparer les torts de la grâce.

Nous voulons et nous avons :

1° Une morale fondée exclusivement sur le principe de justice.

2° La Justice conçue, non plus comme ordre d'en haut, mais comme affirmation de la conscience.

3° La souveraineté de l'être humain, et à son

exemple, de tout groupe humain, famille, commune, société, etc.

4° Tendance à une liberté illimitée.

5° Sanction morale placée tout à la fois dans la conscience, dans les conséquences de l'action, dans la réaction sociale.

6° Toute tératologie subordonnée à la philosophie.

7° La Providence identifiée avec la raison des choses et les lois du développement social.

8° Principe fédératif substitué à celui de la grâce et du privilège.

9° Rénovation de la propriété.

10° Les institutions de prévoyance à la place des institutions de bienfaisance.

Suivre, d'après les principes ci-dessus exposés, et dans les notes précédentes, les *Quatre Évangiles*; revoir attentivement le sens donné et à donner aux paraboles, etc., tant au point de vue de Jésus Dieu qu'à celui de Jésus homme ; — suivre soigneusement cette distinction ; approfondir davantage la nécessité, le sens et la haute portée de la mission de Jésus ; le ruiner par un court exposé de la doctrine nouvelle, de la MORALE NON RELIGIEUSE.

1° RELIGION et *Morale*, séparées : celle-ci très faible, l'autre intense.

2° *Religion et Morale* unies, ou *Morale religieuse* : — Jésus-Christ.

3° *Morale seule*, ou *Justice immanente*.

Tel est le mouvement historique.

Ces trois grandes époques de l'histoire morale sont frappantes :

1° Jusqu'à Jésus, le culte est plutôt un acte de soumision, de crainte ou de sollicitation qu'autre chose. Le Pharisien est orgueilleux, avare, hypocrite et très dévot. Le Grec et le Romain gardent leurs vices avec leur dévotion ; les expiations d'Eleusis, formant un culte secret, quasi philosophique, n'ont guère de force que celle que leur prêtent tour à tour la raison ou la terreur. Le sens moral, en un mot, est faible ; l'humanité est jeune. Il lui faut la crainte ou le châtiment.

2° L'Évangile fait des œuvres de Justice, Charité, tempérance, chasteté, des actes de dévotion, et leur imprime un caractère nouveau ; c'est la religion fondue avec la Morale. — Tendresse, idéal ; délices de la vertu. — Joies intimes du devoir, plaisir de la charité, bonheur de la continence ; enthousiasme du dévouement, espérance surnaturelle, *amour de Dieu et du Prochain*.

3° Depuis Luther, nous raisonnons la morale. Nous l'avons séparée du culte ; nous voulons qu'elle existe par *elle-même;* on peut être athée et honnête homme.

Aurons-nous un Christ pour présider à ce nouveau mouvement? Non : si l'union de la piété et de la morale exige un représentant, la séparation n'exige personne. — Nous restons tous libres[1].

Il n'y a plus de Maître, ni de prêtre, ni de christ, ni d'apôtre. Nous sommes égaux. Le mouvement s'accomplit sans acteur, sans drame, sans péripétie, ni catastrophe.

M. Renan n'a pas eu du tout l'idée nette de la religion chrétienne. Ce qu'il en dit n'est rien ; ce sont des mots, qui tantôt signifient le Christianisme dans sa quintessence quiétive, tantôt semblent indiquer la morale humanitaire, c'est-à-dire, séparée de toute religion,

Essayer la vie de Jésus, c'est expliquer la formation du christianisme, dans le moment même de sa conception. Or, M. Renan est plus éloigné que qui que ce soit de l'avoir fait. Il a dégradé la personne de Jésus.

(1) Cf. *Préface de la Justice.*

APPENDICE
MORALE ET IDÉALISME *

I

CONSCIENCE RELIGIEUSE

Comment par son influence sur l'imagination et le jugement, elle altère les faits, et change la réalité.

J'ai dit que pour le surnaturaliste, rien ne paraît impossible :

Création divine de l'homme adulte ;

Résurrection des morts, ou réintégration de l'âme dans le corps ;

Passage d'un corps à travers les murs ou pénétrabilité de la matière ;

Marche d'un homme sur l'eau : renversement des lois de l'équilibre ;

Guérison instantanée des maladies[1] ;

Ubiquité : Apollonius vu le même jour, à la même heure, dans des lieux éloignés l'un de l'autre de cinq ou six cent lieues ;

Enlèvement au ciel ;

Faculté de se rendre invisible, etc.;

Dialectique particulière : Contradictions sans nombre, comme dans l'Univers ;

Ontologie changeante : l'âme matérielle et immatérielle.

L'histoire de Jésus, ou sa monographie, hormis quelques jalons, ne peut être que conjecturale.

1° Attente générale d'un Messie, chez les Juifs, et partout.

2° Prédication et mort de Jean-Baptiste annonciateur de ce Messie, et prêchant la pénitence, ou retraite publique ; an 28.

3° Presque en même temps, prédication et mort de Jésus, chef d'une réforme *religieuse* et *sociale*.

4° Quelques années après lui, apparition de la secte des Nazaréens, attestant que ce Jésus est le Messie, et qu'il est ressuscité ; donnant un sens

---

(1) Les homéopathes, par leur direction clinique, gagnent du temps sur les Allopathes et les Expectants, ainsi que le prouvent les statistiques médicales. (Cf. le D'' Crétin.)

nouveau au messianisme ; et rompant avec le Judaïsme ; Persécution judaïque de 34 à 45.

5° Conséquence de cette rupture, l'Évangile annoncé aux Païens.

Le Paganisme attaqué ; l'Église fondée à Antioche, et les disciples prenant le nom de chrétiens ; Politique de Paul, *et en général des Chrétiens*, commandée par la situation, vis-à-vis de César et de Rome : elle explique celle de Jésus ; coup de théâtre de Jérusalem.

6° Premier essai d'unification des communautés chrétiennes en *concile apostolique*, an 56.

7° Les textes évangéliques.

Ces faits peuvent être considérés comme d'une absolue certitude.

On pourrait en ajouter quelques autres, mais de moindre importance.

1° Que Jésus prêcha en Galilée, Samarie, la Décapole, le long du Jourdain, pendant *huit ou dix mois*.

2° Qu'il fut crucifié, à Jérusalem sous Ponce-Pilate, lequel eut part à la condamnation.

3° Que les motifs *officiels* de la condamnation furent, pour les prêtres qu'il était blasphémateur et destructeur de la religion ; quant à Pilate, qui se contenta de ce motif, il pouvait avoir deux raisons : 1° qu'il importait à la politique romaine de faire respecter la religion établie ; 2° qu'en définitive, quelle que fut la pensée de Jésus, c'était un *agitateur*.

4° Au fond, Jésus, n'étant ni blasphémateur, ni ennemi de Rome, on doit penser qu'il fut calomnié, et que la véritable cause de sa condamnation fut : Qu'interprétant le messianisme dans un sens purement spirituel et moral, il tendait à désillusionner le peuple, et par là à faire perdre au sacerdoce et aux partis philistin et sadducéen toute espèce d'influence ; que dénonçant l'avarice, l'hypocrisie, la tyrannie des prêtres et des sectaires, la misère des masses exploitées, il tendait à une simplification religieuse et à une réforme sociale également menaçante pour les privilèges établis.

5° Lapidation d'Étienne et persécution des frères, obligés de fuir ; martyre de Jacques, vers les années 34, 36, 42, etc.

6° Conversion de Paul, d'après lui-même ; sa retraite en Arabie, etc.[1].

7° Que les Évangiles sont d'une rédaction indé-

---

(1) Cf. Bible annotée.

pendante, diverse d'auteurs, d'époques et de lieux : peu après l'année 70 pour les trois premiers, et peut-être un peu plus tard pour le quatrième, ainsi que l'Apocalypse.

8° Que les Épîtres de Paul, les seules dont on puisse assigner approximativement la date, ont été écrites de 57 ou 58 à 66.

De l'ensemble de ces faits et des écrits qui forment le *Nouveau* testament, on peut tirer les *Conjectures suivantes :*

Que, d'après les Évangiles et les Épîtres, la mission de Jésus s'est accomplie dans les années 28 et 29, et qu'elle a été terminée par sa mort et sa résurrection ;

Mais que les faits et même les discours ne se peuvent expliquer rationnellement, que si la carrière de Jésus a été beaucoup plus longue, et qu'il aurait dirigé le mouvement après sa mort jusqu'en 56 ou 70, tout est raconté par les Évangélistes, comme ayant été dit, prêché, annoncé dans le temps qui précéda la crucifixion ;

Mais une foule de choses supposent des événements ultérieurement accomplis, que Jésus n'a pu naturellement connaître ni prévoir avant l'an 29 ; les choses sont en si grand nombre que celles qui peuvent être rapportées à cette première période se réduisent à presque rien ; que cependant, ces mêmes choses coulent de la même source, sont pleines du même esprit, exprimées dans le même style, tendent au même but ; d'où résulte que la scission n'est pas possible ; qu'on ne peut, en effet, reconnaître, dans l'histoire évangélique, rien qui dénote deux auteurs différents ; tandis qu'entre les Épîtres, les Évangiles, l'Apocalypse, les Actes, la différence est considérable ;

D'où il suit que si le même personnage est à la fois l'auteur et le héros de tout ce que contiennent les Évangiles, comme il ne me paraît pas possible d'en douter, et si ces faits et ces discours supposent un laps de temps beaucoup plus long que celui d'une année, au plus, il faut admettre que Jésus a survécu à son supplice ; qu'il a poursuivi son œuvre, caché à tous ; en sorte que ce qu'il a dit, que son enseignement, renfermé par les narrateurs, dans la période qui s'étend du baptême à la crucifixion, s'est en réalité produit pendant un plus grand nombre d'années.

Conclusion : Que, s'il en est ainsi, Jésus a été le conducteur invisible de la primitive Église, pendant un temps impossible à fixer ; mais dont il est permis de marquer le terme, soit à l'assemblée des apôtres, en 56, à la chute de Jérusalem, en 70.

Cette thèse principale posée sommairement, la démontrer, en expliquant d'après elle le nouveau Messianisme, etc., etc.

II

LITTÉRATURE CHRÉTIENNE

Elle se compose par *centons*.

Le centon en est tellement le fond, qu'il sert à forger les événements, et devient la matière même de l'histoire.

Mais cela n'empêche pas que par moment cette littérature, née de la décomposition païenne et israélite, n'atteigne souvent une hauteur sublime.

On a les préceptes, les paroles et les *dits* de Jésus-Christ.

Il y a bien d'autres choses, comme le *magnificat*.

Cet hymne, attribué à la mère du Christ, est du Juif christianisé, qui chante la rédemption d'Israël, l'exaltation de la nouvelle Église, et l'accomplissement des promesses de Jéhovah. Ce sont des distiques, en la forme ordinaire :

1. — *Magnificat anima mea dominum,* etc.

9. — *Sicut locutus est ad patres nostres, Abraham et semini ejus in secula. Gloria,* etc.

Ces odes ne peuvent aller à la langue française. Celui qui essaierait de les traduire ou de les imiter échouerait infailliblement. Il faut en connaître le sens, et les chanter en un idiome ancien, latin, ou hébreu.

La poésie hébraïque se compose de mouvements d'éclairs et de coups de foudre. Son style consiste d'ordinaire en un redoublement de l'idée, ou antithèse. La chaîne des discours est dans les idées même, mais presque jamais indiquée dans le style.

Pas de transition ; elle n'est point développée, ni parleuse, — les strophes du *magnificat*, rendues en français, deviennent froides, le mélange d'une mélopée tout à fait primitive sur le ton de la complainte, et d'idées si condensées, si hautes, forme dans l'original, dans la situation de l'écrivain et à son époque, un contraste sublime.

En français, cela ne se sent plus. J'imagine que les Grecs devaient en juger de même.

Le poète français ne pourrait s'empêcher d'insister sur la pensée, il l'étendrait, s'y complairait.

s'en repaîtrait ; — l'hébreu frappe l'idée, et passe. Que de souvenirs évoqués dans le dernier verset : *Sicut locutus est.* — Ces longues promesses de Jéhovah, cette longue attente à travers les siècles, depuis *Abraham jusqu'à Siméon.* Le sentiment, ici, s'émeut; les larmes viennent : un poète français ne pourrait s'empêcher de faire valoir cela. C'est toute la matière d'une ode. — Tout le messianisme, la religion de l'affranchissement respire dans les mots : *Represit humilitatem*, etc.

III

LITTÉRATURE ET MORALE

Origine du mal, remplacement des religions par le culte de soi-même.

La nature, dans l'ensemble de ses créations, et dans chacune de ses créations, est logique ; elle tend par conséquent à l'ordre ; elle veut l'ordre ; elle cherche l'harmonie, la beauté, la perfection.

Et c'est parce que la nature, ou l'univers physique et visible, est logique ; c'est parce qu'en vertu de cette logique, il tend à la perfection de l'ordre, que l'homme, qui n'est autre chose que l'univers devenu vivant et sensible, ayant acquis conscience de lui-même et sentiment, est *intelligent,* un animal suivant la logique, cherchant l'ordre, adorant la beauté, et obéissant à la Justice.

Mais la *matière* ou les éléments mis en œuvre par la nature paraissent inhabiles à réaliser cette *perfection,* but final des tendances universelles.

Ainsi, il est évident de par l'expérience que, dans le système des mondes, la sphère est conçue, si l'on peut ainsi dire, comme une figure dont tous les points extérieurs sont également éloignés du centre ; le cercle, de même, etc. — Et, cependant, il n'y a point de sphère parfaite ; la nature est inhabile à la *réaliser*.

De là une distinction entre *réel* et *idéal*.

L'écart entre le réel et l'idéal, constitue le désordre, le péché, le mal.

(Abîme entre l'*esprit* et la *matière :* deux extrêmes de la nature. L'*idée* et le *fait*.)

Ainsi le désordre n'est qu'un fait d'impuissance ou d'infériorité de la *substance* vis-à-vis de L'IDÉE, ou du VERBE, ou de la SAGESSE.

En autres termes, *Dieu ne peut pas produire son égal*, ce qu'il aurait dû faire, cependant, s'il eût voulu empêcher le péché.

Ainsi de même que l'idéal et la Justice, le *péché* est inhérent à l'être humain, et à toute la création. Pour nous en délivrer, nous n'avons que notre idée du droit et du beau, qui, servie par une volonté énergique, répare sans cesse en nous le défaut inévitable, et plus ou moins choquant, causé par l'infériorité, ou la nature réfractaire de la matière.

Ce rôle de la *conscience* et de l'*intelligence*, en nous, est justement ce que la mythologie chrétienne a appelé grâce efficace, rédemption, réparation du péché originel par les mérites du Christ. — Ici seulement, la théologie a fait une personnification divine de ce qui est en nous faculté de premier ordre ; comme la matière, ou les sens nous tentent et nous damnent, ainsi la conscience, l'*idée pure* de la Justice, du beau et de l'ordre, nous relève et nous sauve : c'est la consolation de toutes nos misères, le paradis de nos âmes.

La conception du *corps glorieux*, c'est-à-dire d'une création parfaite, adéquate à l'idée, nous est ici une preuve de la vérité de notre interprétation ; c'est un témoignage de la théologie fourni contre elle-même.

Si donc la Justice qui nous est immanente, si l'intelligence dont nous sommes doués, forment notre béatitude, si elles sont notre rédemption, notre médication, notre salut, nous n'avons pas à chercher ailleurs l'accomplissement de notre destinée. Il est en nous, il dépend de nous.

Celui qui se purifie et qui cultive son âme est sauvé, aussi heureux qu'il peut l'être ; il a vu Dieu, ou les Dieux, et n'a plus rien à souhaiter. Celui qui vit dans le péché, dans l'infamie, est misérable ; il est l'esclave de la mort, il vit dans la terreur, l'angoisse, le remords; s'il ne s'amende au dernier moment, s'il finit dans l'impénitence, c'est un damné, une créature indigne, un homme manqué, qui eut mieux fait de ne pas vivre.

Jéhovah perd et ressuscite, fait le bien et le mal, etc.;

Que le monde est fait pour l'homme;

Que la question de l'origine du mal, ou péché originel, est la même pour le croyant que pour l'athée.

IV

IDÉALISME

Qu'est-ce qu'un IDÉALISTE, par opposition à un *justicier* [1] ?

C'est un homme qui, au lieu de prendre exclusivement pour sa conduite la *Justice* et la *vérité*, se forge une idole, au service de laquelle il subordonne tout le reste.

Ainsi le théiste adore DIEU et *l'aime* par-dessus tout, faisant dépendre de lui et de sa volonté le respect qu'il a du droit.

Ainsi l'Église s'est fait un système idéaliste, où figurent Dieu, la Trinité, le Christ, les Anges, le Paradis, etc., le culte, les mystères, et en dernier lieu la *morale*.

Ainsi le peuple français met l'*Unité* politique, la *gloire*, avant la liberté, les garanties, l'équilibre, etc.

(1) Cf. *Du Principe de l'Art*, ch. III, p. 28.

Ainsi, l'un veut être Mirabeau, l'autre Vergniaud, etc.

Toutes nos opinions, à l'heure qu'il est, sont des *idéalismes*.

Principe de nationalité.

Principe de libre échange.

Principe de frontières naturelles.

Abolition de la peine de mort. — Nous vivons d'idéal ; abus et consommation des romans, des drames ; *loterie, jeu de bourse*, etc.

C'est par l'*idéal* que nous nous conduisons dans toutes nos relations avec le sexe ; toute jeune fille rêve d'un beau garçon, brave chevalier, etc. ; tout jeune homme veut une nymphe, etc.

Le voluptueux est conduit par l'idéal ; le gourmand par l'idéal ; l'avare, le propriétaire, l'ambitieux, par l'idéal.

Le poète, le peintre, l'écrivain, dont l'occupation est de produire des idéalités, de refaire la nature, sont surtout avides d'idéalités, c'est-à-dire d'idéal.

Pourquoi la ville de Paris fait-elle cadeau à Lamartine d'un chalet au bois de Boulogne ? Parce qu'elle aime l'idéal, et qu'elle le récompense ; puis, parce qu'elle croit s'honorer elle-même.

Jésus idéaliste. — M. Renan a calomnié Jésus.

en le faisant idéaliste, en lui faisant professer le dédain transcendantal, et tout oser, tout faire pour le succès d'un pareil plan.

Quand je fais la distinction de Jésus homme et de Jésus Dieu, je dois donc avoir soin d'ajouter que le blâme tombe surtout sur l'*idéaliste*, mais que, quant au Jésus *faible* de caractère, bien que les faits restent les mêmes, cependant il reste moins odieux, attendu cette faiblesse même.

Il n'y a eu de la part de Jésus ni calcul, ni préméditation ; ce n'est point un imposteur systématique, servant son idéal, c'est-à-dire sa gloire personnelle et sa fantaisie ; c'est un homme excellent, dévoué, mais imprévoyant et faible, qui tombe de précipice en précipice, et nous y entraîne avec lui.

Donc, il y a définitivement, d'après les évangiles, trois manières d'expliquer Jésus, et sa prédication, et ses résultats.

Ou bien il est Messie, Verbe et Fils de Dieu, comme le dit l'Église : dans ce cas tout s'explique, il ne reste contre cette thèse que les objections de la philosophie générale.

Ou bien, si c'est un simple homme, c'est un idéaliste, dans ce cas, un ambitieux et un imposteur.

Ou bien enfin, c'est un moraliste égaré dans un milieu défavorable, que les événements débordent, et qui, compromis dans la superstition populaire, après s'être dévoué à une cause excellente, meurt pour une idée absurde.

Dans ce dernier cas, nous pouvons d'autant mieux lui pardonner, le sauver, que la philosophie et l'expérience nous enseignent que l'établissement de la Justice est long et difficile; qu'il exige des siècles; que la réforme méditée par Jésus ne pouvait s'accomplir en un temps aussi court, comme *un éclair;* que les masses avaient encore besoin de religion; et que, superstition pour superstition, celle à laquelle il a été donné naissance par sa *résurrection* vaut autant qu'une autre.

Jésus ressuscité. — C'était un principe au temps de Jésus, que le christ ne pouvait mourir : *christus non moritur ;* qu'il ne *goûterait pas de la mort, non gustabis mortem.*

D'après cela, Jésus, qui prévoyait son supplice, pouvait, en un sens, prédire sa résurrection.

Tous les hommes, selon les Pharisiens, et selon lui-même, *devaient ressusciter.* A plus forte raison le Messie mis à mort.

C'était lui qui devait donner le signal; quand

arriverait cette résurrection ? On n'en savait rien ; seulement, on la croyait proche. Jésus, raisonnant dans cette hypothèse générale, n'avait rien à craindre.

Tout ce qui le distinguait des Pharisiens était que, selon lui, le Christ devait *souffrir*, *pâtir*, et même être mis à mort, *occidi*, avant d'être élevé en gloire. Tout cela se trouvait dans Daniel.

Ce qui est curieux, c'est que pendant plus de trois cents ans, l'Église a été occupée à se débarrasser du christianisme primitif, et de toutes les *gnoses* qu'il enfantait :

Millénarisme ;

Communisme ;

Fin du monde ;

Résurrection prochaine et générale, etc., etc.

Religion de l'Idéal. — Quelquefois on croirait que par ce mot M. Renan entend la religion du droit pur ; mais on est bientôt détrompé. Il croit peu à la Justice, aux réformes, à l'action politique, il aime à se recoquiller dans son for intérieur, vivre de son idéal, solitaire, dédaigner, etc.

L'idéalisme, au fond, c'est l'égoïsme ;

La religion de l'idéal n'est aussi que l'Égoïsme.

Voici la marche de cet idéal :

D'abord, l'homme croit à des puissances supérieures, qu'il cherche à se rendre favorables. Cette croyance est un idéalisme.

Il leur offre des sacrifices, des parfums, tout ce qu'il a de *meilleur* et qu'il juge plus capable de témoigner de sa dévotion, et d'honorer les dieux.

Encore un idéalisme.

Plus tard, il a dit : Dieu ne mange pas... Que lui donnerai-je ?

Des génuflexions, du chômage, de la musique, des chants, des prières; il jeûnera, se macérera, etc. Il y en a qui se tuent pour leur idole.

Ou bien, il veut s'unir à Dieu, et le mange ! Eucharistie = Idéalisme.

D'autres, enfin, raffinant davantage, suppriment le rite, sacrements, messes, chants, prières, communions; s'unissant par la pensée intimement à Dieu ; se détachant de la société, ne faisant estime de rien, ni des affaires, ni du pouvoir, ni de la richesse, ni de l'opinion. C'est un égoïsme transcendantal et déguisé. Un dévot de cette espèce comme Mme Guyon, sainte Thérèse, est comme une *amante*, à qui la possession de l'objet aimé, tient lieu de tout, qui voudrait être dans le secret, caché, avec lui seul, qui est prêt, pour le suivre, à abandonner tout, travail, étude, famille, amis, devoirs, etc.

Dans cette haute union avec Dieu, dans cet absolu égoïsme, on en vient à regarder si bien toutes choses comme indifférentes, que le péché même paraît indifférent, une des nécessités du corps, un des inconvénients de la matière. Boire, manger, céder au sommeil, sont choses indifférentes ; de même commettre adultère, manger le bien d'autrui, etc., tout est indifférent.

Ainsi Jésus, selon Renan, mangeait, tour à tour, chez Pierre, chez Lazare, chez Simon ou ailleurs. Il n'y prenait garde. Il envoie à Jérusalem ses disciples lui préparer la pâque sans argent.

L'idéalisme religieux et l'égoïsme absolu chez lui sont donc synonymes.

Dernier terme de la Religion de l'Idéal.

Une fois parvenu à cet égoïsme, l'idéaliste, qui n'a plus ni Dieu, ni religion, se crée une idole, à laquelle il sacrifie tout :

Patrie, famille, amis, etc.

Ce sera son *système*, ou son *idée*, ou son ambition, son plaisir, sa volupté ; il fait tout servir à lui-même ; il se fait centre et Dieu.

L'idéalisme est donc l'instrument de toute séduction, le principe de toutes les mystifications et abominations de la terre. C'est par lui qu'on trompe les hommes, qu'on les *affine*, qu'on les exploite, qu'on les berne, qu'on les pousse au crime (*Séide* dans Mahomet), et qu'on leur fait boire leur propre infamie (toutes les filles et femmes perdues).

Un morceau sur l'*idéalisme*, comme conclusion à la vie de Jésus, est donc indispensable, surtout pour réfuter Renan.

TABLE.[1]

Lettre de E. Ledrain.
PRÉFACE.   1

HISTOIRE DE JÉHOVAH

I. Sentiment religieux *.   17
II. Le Monothéisme.   19
III. Jéhovah.   21
IV. Dieu   24
V. Jéhovah et Jésus.   27
VI. Le Surnaturel.   33

LA GENÈSE DE L'HOMME*

I. Chronologie de Jésus.   41
II. Autre système.   45
III. La filiation*.   47
IV. Jésus dit le Christ.   53
V. Durée de sa mission   59

LA VIE DE JÉSUS

I. Vie de Jésus, d'après E. Renan   63
II. Critique de M. Renan*   79

(1) Les titres de chapitre marqués d'un astérisque ne sont pas de Proudhon. — C. R.

TABLE DES MATIÈRES

III. Vie de Jésus d'après l'abbé Michon 81
IV. Jésus est Dieu d'après Mgr Parisis 85

JÉSUS PAR PROUDHON *

I. L'Idéal messiaque* 99
II. L'Œuvre * 108
    I. Le précurseur * 108
    II. Jésus, fils de l'homme 113
    III. Jésus fils de Dieu 115
    IV. Jésus révolutionnaire 117
    V. Jésus réformateur 124
    VI. Jésus justicier 127
    VII. Conclusion 130
III. La Doctrine * 132
IV. Le Merveilleux et la Légende * 145
V. Règles de critique 157
VI. Exégèse et contradiction * 173
    I. Réhabilitation 173
    II. Apothéose et enseignement 182
    III. Énumération des motifs de croire que Jésus n'était pas mort lorsqu'on le descendit de la croix et qu'il survécut à son supplice . . . 190
    IV. Commentaires sur le chapitre xv de la première aux Corinthiens 198
    V. Survie de Jésus 206
    VI. Résurrection 212
    VII. S'il est mort sur la Croix 215
    VIII. Sommaire chronologique, indispensable pour l'intelligence *du progrès* de la secte chrétienne 217

L'ÉGLISE ET LA RELIGION *

I. Apostolat * 235
II. Les Origines 247

LES ÉVANGILES

I. Systèmes et interprétations* 261
II. Fables évangéliques 272
III. La parole du Christ* 275
    I. Le plan de Jésus. 275
    II. Prédication des apôtres* 285
    III. Conclusion 295

APPENDICE*

MORALE ET IDÉALISME

I. Conscience religieuse. 299
II. Littérature chrétienne 306
III. Littérature et morale. 309
IV. Idéalisme 313

ÉVREUX, IMPRIMERIE DE CHARLES HÉRISSEY

www.ingramcontent.com/pod-product-compliance
Lightning Source LLC
Chambersburg PA
CBHW060644170426
43199CB00012B/1662